岁月欢

中国传统节日中的四时欢

黄元琪◎著

北京大学出版社
PEKING UNIVERSITY PRESS

xù

序

一年的中秋节，朋友跟我说，年幼时，他的中秋节都在浙江兰溪的乡村中度过。月光温柔地在小溪中流淌，村民们鱼贯而出，在柚子上插香，一家家敲门、作揖、祝福平安。明明夜晚的村庄路灯昏暗，但一轮明月却足够照亮每个人的脸庞。

也曾听贵州的朋友描述，在贵州黔东南的大山中，侗族同胞会在过年时开一场民族特有的侗族大歌会。各支歌班一早便整装出发，去侗寨鼓楼前进行比赛。歌娘们穿着亮布盛装、鞋头上翘的花鞋，戴着琳琅满目的银饰，用心装扮自己。她们穿上百褶裙，腰下缝着数条绣满繁花的长带子，如百花吐艳，然后套上鞋套，用细长的花带来绑腿。一朵朵银花盛放在歌娘们茂密的云发与高高的椎髻上，叮当作响，光鲜亮丽，走在路上摇曳生姿。

鼓楼坪上聚满美丽的侗女，她们分歌班聚集，依次上台歌唱。侗族大歌是一项无伴奏、无指挥、多声部自然和声的音乐艺术。演唱音域适合人声的自然发声区，宛若天成。歌者引吭高歌时声音如水自流，婉转的音韵穿过绵延的群山，掠过宝严的鼓楼，直达人的灵魂深处。

多么令人向往的传统节日气氛啊，若是身处异乡，形单影只，心头至少还有一丝牵挂与寄托，只要回到家乡过个热热闹闹的节日，便拥有了团圆与温情。

过节，俨然成为一种治愈的力量，去抚平人们生命中的褶皱。

很可惜，在我从小成长的都市中，朋友们描述的过节景象我都没有见过。翻阅诗词、古文，一些传统的节日仪式居然在华夏土地上存在了几千年，而今却日渐式微。我不甘心在每个传统节日中只是疲于应付商家的打折活动，或毫无新意地找家餐厅聚餐。一个找寻传统节日的念头在我心中发酵并终于成形。

经过两年的实地采访与探访文史专家，节日的形象在我心中变得清晰又多元。历史、文化、风物、习俗、民艺、舞乐、美食等太多元素依附在节日之中。它们带着璀璨的文明，如奔赴大海的溪流般与节日合流。我在中国的土地上踏着时序的节拍，走南闯北，找寻节日的魅力。很庆幸我能在一年中过好几次“年”。汉族的，塔吉克族的，傣族的，布朗族的，侗族的，每个年节都活色生香，各有特色。

我记得在云南深山中，布朗人迎接完太阳后一路跳歌回村。队伍走得很慢很慢，经常前行三步便停留在原地跳歌。人们接力用布朗族特有的调子唱歌，每个人唱完一段，就有人豪爽地灌他翡翠酒，所有人都齐声叫好。大家高举插满鲜花的竹幡，将米花抛洒到空中庆祝。我在不远处等候队伍前行，一点也不着急，享受地看着寨民们浑然忘我的快乐。那份快乐随着清风拂在我的心头，我完全忘记了所有现实中的压力与烦恼，只是微笑地看着他们。一时之间，我分不清自己是不是误入桃花源的那个人。那些传统习俗明明还在民间留存，它们的感染力能让人如此喜悦与平和，为什么我们不再去在意它们呢？

节日像一个身披华服、充满智慧的老祖母，如果我们能把她请出来，她会缓缓地告诉我们流淌在岁月中的那些绮丽的往事。如果我们将她忘记，那么我们失去的又何尝不是自己的文明。

终于，《岁月欢：中国传统节日中的四时欢》一书在我笔下完成。看着完整的书稿，我不禁感慨。这两年由于疫情的蔓延，采风并不时常如意。特别是一些 2020 年以前还能举办的盛大庆典，经常因为要配合防疫而取消。好在我非常幸运，每次游历都会有当地老百姓无私地帮助我，或请我回家一起过节，或与我讲述节日风物。我还要感谢帮助我梳理历史的文史专家们，让我这本关于节日的书如同茁壮的树木扎根于事实的土壤中。

我虽是这本书的作者，但它属于每个认真过节的人。愿我的读者能通过此书一瞥中国传统节日的魅力。

作者在桑刊节与章朗老寨迎接太阳的人们合影

mù lù
目录

春节
第一章

儿童唤翁起，
今日是新年

第二章 肖公巴哈尔节

帕米尔高原上
春的礼赞

第三章 清明节

生命留有余光

泼水节

第四章

傣族的幽幽碧水情

桑刊节

第五章

千年茶族迎日曜

端午节

第六章

五月五，是端午

中秋节
第七章

夜长秋始半，
圆景丽银河

侗年
第八章

掠过鼓楼的天籁

第一章

岁月欢

chun 春 jie 节

儿童唤翁起，今日是新年

溯源

年，谷熟也

过年，是人们定义岁月轮回的节点，是中国人自古以来最具有意义的节日。它既包含了对昨日的慎重告别，又承载着对未来的殷切期盼。在当今社会，无论出门求学、打工的游子平日多么繁忙，临近过年时，总要收拾行囊，回家与亲人团聚过节。这份浓情俨然成了中国人心中最重要的一抹底色。

中国人是从什么时候开始过年的？

脑海中回忆起孟浩然的诗：“昨夜斗回北，今朝岁起东”。一句道出了古人通过观测天象来推断时序的轮回——当北斗星的斗柄东指时，天下皆春，今天过年了。诗中的最后一句“田家占气候，共说此年丰”透露了农民朴实的新年愿望。一整年的风调雨顺带来的庄稼丰收是农耕社会中人们最朴实的愿望，无论新年那日天气如何，大家总要聚在一起互相鼓劲，断言明年是个丰收年。

将一年的起点定为农历正月初一并沿用至今的人是汉武帝。汉初沿用旧历，时节的长度划分与计算会因时光流转而产生误差且越来越大。当官方的物候时序与实际气候不符合时，农民会得到错误的务农信息，比如在大冬天开始播种谷子，夏日便收割庄稼，导致农事失序，五谷歉收，饥荒和动乱时有发生。汉武帝怕动摇社稷，进行历法改革。新的历法于元封七年（公元前 104 年）颁行，又称《太初历》。这部历法对中国人意义重大，它明确认定农历一月为岁首、十二月为岁末的规律，将二十四节气纳入中国历法的体系中。它的问世为中华民族之后的节令时序提供了明确的指引，从此春种、夏忙、秋收、冬闲成了千年来的农耕惯例。

翻开历史斑驳、厚重的长卷，农历正月初一曾经被称为元旦，这一习惯性的称谓直到 20 世纪才被打破。

辛亥革命后，现代意义上的“元旦”告别了两千多年来农历岁首的意义，被定格在公历 1 月 1 日。之后的十几年里，为了民众的实际生活需要，公历与农历并行，并将农历正月初一定为“春节”。

民国是一个中西、新旧激烈碰撞的时代，随着大量西方思想、风俗、物品的涌入，许多人被乱花迷眼，迷茫地将“与世界接轨”等同于极度西方化或抛弃一切传统留下的东西。于是政府下令“废除旧历，普用国历”，逼迫中国人放弃延用了几千年农历新年的习俗。

传统力量的动人之处是它始终在默默地坚守，这份坚守逐渐变为人们心中根深蒂固的信仰。传承千年的四时节令与习俗像上了发条的闹钟，总会按时响起。就算官方在公历 1 月 1 日张灯结彩地增添新年气氛，民间依然在悄悄地过农历新年——供祀、贴春联、守岁等习惯不曾变化。

当时在清华大学读书的季羡林先生面对这种畸形、荒唐的现象，在日记中写道：“明天是旧历年初一，今天晚上就是除夕。我觉得我还有一脑袋封建观念。对于过年，我始终拥护，尤其是旧历年，因为这使我回忆起童年时美丽、有诗意的过年的生活。我现在正写着《回忆》，我觉得回忆是粉红色的网，从里面筛出来的东西，都带色香气。没有回忆，人便不能活下去，对年的回忆尤其美丽。”

在农历新年不被官方认可的那些年，民间庆贺春节一切如故。南京国民政府意识到无法摧毁那份深入人心的年俗，便停止了强行废除旧历的法令，恢复旧历。新中国也延续了公历元旦和农历春节并立的传统，并延续至今。

古俗

岁酒一杯迎新春

某年，我在湖北十堰亲戚家过年。在武当山下的某个村落，我看到一位穿着厚布棉袄的阿婆坐在自家门口卖酒。木板桌上放了一排陶酒坛，封口的酒坛口上覆了一层土，用红布扎紧。酒坛正面写着几个字："古法炮制屠苏酒"。

诗中，"屠苏"两字频繁出现于古人关于新春的笔墨下。在宋代陆游的《除夜雪》中，他缓缓描绘出一幅辞旧迎新的画面：

北风吹雪四更初，嘉瑞天教及岁除。
半盏屠苏犹未举，灯前小草写桃符。

那半杯还未入口的屠苏酒是什么来历？眼前阿婆卖的屠苏酒难道从诗词中入了凡世？

我问阿婆这酒是怎么酿制的，她指了指家中院子里的一口老井说："前几日按方子去中药铺子将大黄、蜀椒、桔梗、桂心、白术、乌头等药材抓回来，用纱布包裹缝好后放在井里浸。今天早上拿出来，把药包和酒一起煮沸了倒进酒坛子。快过年了，你带一瓶回去吧，这酒得在大年初一喝。"

岁时饮用屠苏酒的习俗在唐宋时期广为流传。从现实需求的角度来看，冬春更迭时气候寒冷，病毒冒头，人的抵抗力较差，是最容易染上时疫的时候。屠苏酒的确有预防疾病的作用。然而正如另一种节酒——雄黄酒中含有的雄黄是矿物类药物不可多饮一样，屠苏酒中的乌头类药物也需要谨慎服用，所以屠苏酒没被当作家常酒饮用，而是在特定的日子作为一杯年酒登场。

在当今新年的觥筹交错中，大家的杯中美酒多为助兴的佐餐酒。人们享受着美酒入口后醇厚悠长的余味，品味阖家团聚的快乐。若家人端来一杯带有自然草药气息的保健岁酒，带着一份对来年身体安康的祝福请你喝下，应该会更有仪式感吧！

文人笔下的饮屠苏酒，还带着一份对岁月流逝，韶华不再的感叹。

古代过年时，屠苏酒的饮用礼仪是从年纪最小的人喝起，年纪最长者最后喝。苏辙在《除日》中无奈感伤："年年最后饮屠苏，不觉年来七十余。"苏辙，沉静内敛，曾担任过大宋的副宰相，后来的经历和哥哥苏轼相似，经历了官场失意，颠沛流离地一路被贬。他一生都在保护与支持兄长苏轼，两人的兄弟情深令人感动不已。苏辙的生命终止于73岁，从诗中他岁末饮屠苏的岁数来看，此刻的他已经快走到生命的终点了，跌宕起伏的一生即将结束。他与兄长苏轼有个感人的约定——同葬一处。苏辙认为，唯有同穴，方能守住少时"安知风雨夜，复此对床眠"的信约。

宋代陆游的“饮罢屠苏酒，真为八十翁”；魏了翁的“一年一度屠苏酒。老我惊多又”等诗句都借一杯屠苏酒感叹人生时光的荏苒。一杯屠苏酒更像一座记录时光的钟，提醒着人们要珍惜岁月。

如今屠苏酒早已不再是年酒，但它背后承载的人文意义却永远不应被忘却。

屠苏酒

chu
初
yi
一
春

shi
十
wu
五

节庆习俗

初一／十五 春

年初一贺新岁	年初二回娘家	年初三赤口日
年初四接财神	年初五破五	年初六送穷出门
年初七庆人日	年初八不回家	年初九天公生
年初十打春去	初十一打石仗	初十二点新灯
初十三上灯日	初十四接灶神	初十五看花灯

注释

赤口日：又称小年朝、天庆节。宋代的中国传统节日，宋真宗大中祥符元年（1008 年），因传有天书下降人间，真宗下诏书，定正月初三日为天庆节，官员等休假五日。

天公生：正月初九是天日，传说此日为天界最高神祇玉皇大帝的生日，俗称“天公生”。

打春去：正月初十是地日，年初十，打春去，开春旺地好收成。这天农家会到田里旺地耕种，希望来年收获满仓粮。

打石仗：在广州郊区的农村，相邻两个村子的小孩要在新年期间掷石子对打，哪个村子赢了就代表新年会更好。初十一，家长要把这些对打的孩子赶回家。

上灯日：正月十三是中国传统农历节日之一，今天的习俗叫作“上灯”。旧时从正月十三开始上灯，正月十八落灯。

灶神画像

春

广东地区居民过年扮演财神送财运

拜年

飞帖亦是拜年

年初一拜年是延续了千年的习俗。亲戚朋友一多，就算用光公休假期也不一定拜得过来。古人的年俗比我们复杂得多，他们又是怎样管理时间完成拜年大事的呢？

清嘉庆道光年间的文学家顾禄，由于母亲亡故，要回家乡苏州守孝一段时间。无事时日日与家乡父老谈论风俗，并将当地的所见所闻、时令风俗编写成了一本书——《清嘉录》。这本书为我们提供了珍贵的资料，能一探两百年前吴中老百姓的拜年盛况。

顾禄娓娓道来：从大年初一开始，男女依照辈分，按长幼依次跪拜了长辈后，家长领着孩子去拜访邻居亲友，若时间安排不过来，就派子弟代为拜贺，这个习俗叫作“拜年”。一些一年到头不曾相见的亲友，也会在过年期间上门拜年。每家每户门口会摆上一本签名册子，供登门拜访的人签上姓名，收集客人的来访信息，以便安排回礼。这本签名册子叫“门簿”。

顾禄用美好的语言来形容过年时人们纷纷外出拜年的热闹景象：“鲜衣炫路，飞轿生风，静巷幽坊，动成哄市”。这个场景分明与当今过节人们打扮妥当后纷纷出门拜年，平时安静的街道人头攒动，道路拥堵一般无二。

一些交友广、同僚多的人到了过年的时候，相互应酬拜年更是忙碌不已。若拜年的安排太满，白天赶不上的话，傍晚到人家家里去拜贺，叫“拜夜节”，初十以后去拜访的叫“拜灯节”。有人开玩笑地说：“真有心拜年的话，拖到清明节前两日的寒食节再去也不迟，横竖露个脸，表份心就够了。”

还有另一种拜年方式——飞帖，人不用亲自到也能表达心意。和现在我们复制粘贴拜年信息给朋友们一样，古人早已懂得群发拜年的祝福之道。他们把祝福的话语写在红色的名帖上，礼数隆重些的会放入拜盒内，让仆人代为投递到朋友家。对方收到名帖，见字如面，知晓送帖人的心意，用同样的方式答拜。每户人家的大门上会帖红纸袋用于收贴，叫“接福”或“代僮”。

明代的陆容记录了一个令人哭笑不得的飞帖群发故事。有个人经过居住诸多朝廷官员的东西长安街，也不管是否认识，秉承着多多益善的原则，看到大门就投递飞帖，套个近乎。反正宾主不相见，礼多人不怪。以后万一相见，还能套近乎说：“我就是过年时给你家递过飞帖的某某。”

与大人抱有人情往来目的的拜年不同，小辈最期待给长辈拜年，因为能喜滋滋地得到一份压岁钱。长辈将铜板放在荷包内，说着希望小儿平安度岁的祝福语，将这份希冀郑重地递给孩子。曾经压岁钱的钱币是特制的，上面刻有“长命百岁”的字样，取压胜、辟邪的寓意，后演变为流通货币。随着纸币的发行，近代流行将压岁钱放入红色纸包中，俗称红包。

从古到今，群发新年祝福的形式从飞帖到贺年卡片，再到发送短信、微信拜年，长辈给小孩压岁钱祝福平安。虽然形式日新月异，但中国人骨子里的习俗从未改变。

古代的压岁红包

现今的压岁红包

剪纸

初七

人日思人

如今的年初七，是大家结束春节假期，复工上班的日子，但自古初七是为“人”而过，颇具人文关怀的节日。

晋朝议郎董勋的《问礼俗》云：“正月一日为鸡，二日为狗，三日为猪，四日为羊，五日为牛，六日为马，七日为人。”这句话与古神话女娲初创世，在造出了鸡、狗、猪、羊、牛、马等动物后，于第七天造出了人的说法不谋而合。

南北朝的梁宗懔在《荆楚岁时记》中详细地记载了人日习俗。正月七日为人日。人们在正月初七这天，将七种菜（芹菜、芥菜、菠菜、青葱、大蒜等）合煮成羹汤，吃了后可以祛病避邪。人们把五彩缤纷的丝绢剪成人形，或将薄透的金箔刻成人形，挂在屏风或帐子上，意味着新的一年里人丁兴旺、吉祥平安。

妇女翘起纤纤玉指，将人胜别在鬓发旁打扮自己。“胜”在汉代指贵重的首饰，到了唐代，泛指用彩绢、彩纸等剪成的饰物。女子将刻得玲珑剔透的精致的小人发饰戴在鬓发上，既是个好意头，又是一种时尚。我们见惯了电视剧中古代女子云鬓上的花、鸟装饰，若见到轻薄、精美的小人随着发丝在风中微微颤动的装饰，一定会情不自禁地表露出惊奇与赞叹。

这份用巧妙技法剪出来的薄形装饰，接近后世的剪纸花。

《人日剪彩》

闺妇持刀坐，自怜裁剪新。
叶催情缀色，花寄手成春。
帖燕留妆户，黏鸡待饷人。
擎来问夫婿，何处不如真。

文人学士喜欢在人日登高赋诗，出游去郊野。文学史上留存了大量关于人日的诗歌，其中最感动我的是唐代高适与杜甫在人日用诗寄情的故事。

作为与岑参、王昌龄、王之涣齐名的著名边塞诗人，高适的诗古朴厚重，一如他本人重感情、不为世俗左右的气质。他与许多诗人颇为交好，天宝三年，高适曾经与李白、杜甫在开封古吹台相聚，登台酣饮唱和，留下千古佳话。

当高适的人生走向晚年时，满心放不下的就是国家与知己们。那年，高适改任蜀州（今四川崇州）刺史，远离朝廷中心，报国无门。杜甫身处乱世，颠沛流离，暂居成都浣花溪草堂，得知好友迁来，杜甫特地从成都赶去看望。彼时，高适年将六十，杜甫也将五十。蜀州交通不便，两人除偶尔能见面，只能寄诗慰问。高适的人日诗在安史之乱的环境下抒发了满满的报国之心，以及老来对个人境遇的复杂情绪和对好友的思念之情。满腹心事流淌于含蓄的笔触，也只有像杜甫这样的知己才能读懂。此诗寄到成都草堂，杜甫读到这首诗时，竟至“泪洒行间，读终篇末”，他对高适心境的共情与心酸，远超过了他对自己当下生活的担忧。

《人日寄杜二拾遗》

人日题诗寄草堂，遥怜故人思故乡。
柳条弄色不忍见，梅花满枝空断肠。
身在远藩无所预，心怀百忧复千虑。
今年人日空相忆，明年人日知何处。
一卧东山三十春，岂知书剑老风尘。
龙钟还忝二千石，愧尔东西南北人。

人日思人，是过节时万般思绪中的一味。现在有多少人，每逢佳节倍思亲？

风物

愿得长如此，年年物候新

桃符：半盏屠苏犹未举，灯前小草写桃符

早在秦汉之前，我国民间过年就有悬挂桃符的习俗。传说在东海有一座仙山，名为度朔山，山上有一棵大桃树，树顶有一只金色的公鸡，每天早晨鸡鸣报晓。在这颗桃树的东北角有一扇门，叫作鬼门，它的门框是桃树枝，每日金鸡报晓之时，世间的鬼怪都要经过鬼门回到度朔山，看守鬼门的神仙是神荼、郁垒二人。若有恶鬼出没，兄弟二人就会用绳子把鬼怪捆起来，送去喂老虎。

正因如此，早期人们将传说中的降鬼大神“神荼”和“郁垒”的名字分别书写在两块桃木板上以避凶邪。这种习俗延续到了五代时期，之后人们才开始把联语题在桃木板上。

桃符

春联：新年纳余庆，嘉节号长春

春联的出现和桃符有着密切的联系，所以古人又称春联为“桃符”。五代后蜀末代皇帝孟昶在每年除夕时命学士在桃符上题字，挂在寝门左右。某年他不满意学士辛寅逊的撰词，亲自在桃符上题字：“新年纳余庆，嘉节号长春”，寓意新年享受着先代的遗泽，佳节预示着春意常在。孟昶在桃符上的题词与现今上下联的形式相符，又具有文学性。桃符字牌由原先驱魔除鬼的功能，转为了更浪漫、更文艺的用途。

到了明代，人们才开始使用红纸代替桃木板，出现了我们今天所见的春联。春联的颜色与当地民俗相关，通常春联的颜色为喜庆的红色，

春联

有些地区的春联颜色还有白色、黄色、紫色、绿色和蓝色等。它们分别用于特定的地点和时间，有不同的含义，比如寺庙所贴的春联，为彰显佛法的珍贵，用黄纸书写；家中有人服孝时用白、绿、黄三色春联，凡是遭父母之丧，在家守制，已过期年，可用净绿天地头加蓝色的春联。沈阳故宫里保存着多幅清代春联，载体选用白绢，并镶以锦边（蓝边包于外，红条镶于内）裱于框架之中。湖北秭归县有在端午节贴春联的习俗。

门神年画

木版年画：贴了年画才算年

在中国灿若繁星的民间手工技艺中，木版年画有着至关重要的位置。它题材广泛，地域风格多样，广泛流行在中华大地上。说起它，我总能第一时间想到匠人灵巧的刻画手艺、斑斓的色彩与吉祥的图案。这些极具渲染力与浪漫主义的图画成了千百年来绚丽年俗中的点睛之笔。

木版年画孕育于汉代。当时的老百姓在岁末辞旧迎新之际，家家户户要打扫房屋，清理宅院，画神荼、郁垒两位门神于大门上，表达规避灾祸、全家平安的心愿。唐宋是木版年画成型的重要时间点，雕版印刷术这项伟大的发明诞生，在纸上按所需规格书写文字后反贴在刨光的木版上，再根据文字刻出阳文反体字，做成雕版。之后在版上涂墨、铺纸，用棕刷刷印，再将纸揭起，就成了印品。这项工艺流程与木版年画一脉相承。在门神的“代言人”方面，唐代后逐渐从神荼、郁垒转变为秦叔宝、尉迟敬德。相传唐太宗经常梦魇不能深眠，于是由秦叔宝、尉迟敬德两位大将每夜披甲持械守卫于宫门两旁。久而久之，太宗念二将日夜辛劳，便让宫中画匠绘制二将的戎装像悬挂在宫门旁，此后邪祟全消。

宋代时，金华、杭州、苏州等地是全国木版年画的重要产地，也拥有极大的年画市场。杨亿的《武夷新集》中记载道："婺州（现金华）开元寺曾刊印大藏经版与木版画。"无论是热闹的城镇还是淳朴的乡村，都能看到家家户户贴年画的情景。木版年画的流行在明清达到了鼎盛时期，社会土壤培养了一批广为人知的民间小说与戏曲，《西厢记》《红楼梦》这些灿烂的文化走进了年画中。年画题材也跳出了门神、娃娃、吉祥寓意等传统题材，大批民俗故事以年画为载体传播得更远、更深。

我有幸拜访了金华的木版年画传承人，他的家族至今仍用古法制作木版年画。黄晨先生是金华木版年画的第五代传人，他的母亲是浙江省唯一的省级木版年画代表性传承人。他亲切儒雅，侃侃而谈，在他的示范下，一张木版年画活脱脱地呈现在我眼前。

制作的第一步是起稿画样。如同诸多民间技艺一样，要成为这门手艺的大师，第一步就是成为一位书画贯通的艺术家。学徒单练习绘画就需要三到五年时光。作为"刻"的前奏，"画"是一幅年画的基础。画完图样后，黄先生手持墨笔在柔软且半透明的毛边纸上勾线，狼毫的笔尖细而尖，笔力挺拔，流畅的线条跃然纸上。

设计色稿时，配色是需要反复斟酌的。通常以年画的题材为切入点进行创作。金华的木版年画从书坊走出，受到文人审美的影响，多了一份古典与含蓄，它的配色不如北方年画那么艳丽、冲撞力强，独有一份诗意。

雕刻用的梨木板早早被细砂纸研磨光滑，黄先生将勾好的墨线稿反贴于梨木板上，涂上一层轻薄均匀的糨糊，细细按压，确保线稿被贴得平整。坐下，拿起刻刀，匠人的二次创作开始了。只见他刀随笔走，以刀代笔，在木屑轻舞中，流畅的线条既与画稿无二，又在梨木板上加深了痕迹，使其耐用。一块年画雕版通常能印两千张纸，之后雕刻的边缘便会渐渐磨损变平，此时刀下的功夫决定了年画雕版的寿命。

木版年画着色的重要步骤是根据画稿的颜色分色版，一色一版。每块套版的雕刻工序与年画墨线版相同，而且必须与其吻合，这样才能有后来依次上色时的严丝合缝。

“刻”之后是“印”。第一道工序是印线稿——多用黑色。匠人用棕刷将颜色均匀地刷在线版上，然后将纸覆盖在画板上，用工具“趟子”轻轻刷压。我以为这一步比较简单，跃跃欲试。没想到，要将纸上的色彩压得干湿适宜、线条清晰，其实并不容易，有好几处墨化开了，还有一些线条完全看不清颜色。果然，每一个步骤都需要千锤百炼，手工匠人用时间与汗水练就了高超的技艺。

黄先生笑着说还是他来吧。在按压出清晰的线条后，他将事先设计好配色的色版以版线为基准，上下左右对齐雕版的位置，对版时用手摸，反复校正。他说之后若任何一块色版套色时发生偏差，便要重新来过。古时的颜色都是从天然的植物或矿物中提取色素，比如红色素常见的提取材料是凤仙花。原色青、赤、黄、白、黑，称为“五色”，将原色混合可以得到间色。

不同颜色的木版依次完成印刷后，根据画面需要，有些年画还要用画笔为画中的人物染脸、画眼、画须等。以画娃娃脸上的胭脂为例，匠人用软毛排笔一边蘸色，一边蘸清水，在脸部的位置缓慢旋转，直到出现内深外浅、过渡自然的腮红。

当一幅年画雏形初现后，我松了一口气，一幅图案简单的年画都有无数次返工的风险，从勾画到雕刻再到套印，每一步都如同走钢丝一般小心翼翼。不敢想象那些繁复精美的年画背后有着匠人们付出的多少光阴与血泪。正如黄晨先生的母亲所说："做了这件事，这一生我值了。"没有中国匠人们的热爱与坚持，传统技艺在高度工业化的社会可能迅速消亡，而正是一批又一批的传人们手持火炬，延伸了手作的温度。

送我回去的路上，黄先生与我分享了他掌管家族木版年画生意的想法："很可惜，如今的江南再也看不到家家户户贴年画的景象了，反而是东南亚的订单还一直很火爆。我们的使命是将金华木版年画从文化遗产变成文化资产。如果它消失了，那么消失的不只是一门手艺，而是千百年来百姓一直爱着的事物，那些年画的图案、寓意与东方美学都会被人遗忘。我想让更多的年轻人知道木版年画的辉煌与其蕴含的文脉。"为了传播东方文化，他还创造了一批用传统年画纹样做成的文创用品，这些文创用品与现代生活方式相融合，并坚持创作展现新时代色彩的新年画，用润物细无声的方式，让木版年画再次渗透进老百姓的生活中去。

中国的年俗蕴藏了深厚的人文信息。"年"作为一年中最重要的几天，它存在的意义是告别困难的过去，迎接美好的将来。国泰民安、诸事吉顺不只是口头上的祝福，它也通过木版年画、爆竹、年夜饭、祭灶、迎财神、走亲访友、看灯会等专有的风俗传达了中国人对美好生活的向往。木版年画的渲染力与感染力，给了中国年一份欢乐祥瑞的浪漫力量。

绘画底稿

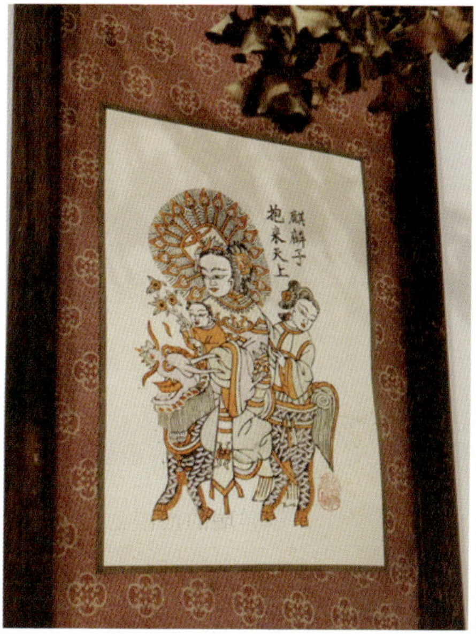

清淡细腻的年画画风

| 1 | 2 |
| 3 | 4 |

线稿 / 1
年画雕版 / 2
分色后的年画雕版 / 3
刷色 / 4

刷压

木版年画衍生的文创产品

游历

江南古镇的岁时欢

慈城年糕：江南餐桌上的年味

慈城，是宁波慈溪的老县治，老到有两千五百岁。

古时，老百姓在依山傍水的好风水处建立繁荣的乡镇。慈城得了这三面环山一面临江的土地，出了数之不尽的文人，有着“学风鼎盛、进士盈城”的美誉，历代出了519个进士，状元、榜眼、探花皆有。怀着对这份深厚的文化底蕴的尊崇，我拜访了这个沿着江南文明脉络建成的乡镇。抵达时，青葱的群山、静谧的慈湖与位于阡陌街巷中的老建筑美得像一位优雅的隐士，遗世而独立。慈城麻雀虽小，五脏俱全。整座县城的街道横平竖直，四周有护城河、城墙与城门，格局与长安无异，简直就是唐代县城的活标本。

如果只能选一道慈城美食，绝大多数老饕会投票给慈城水磨年糕。

年糕作为一道经典的年祀食物，始于西周，兴于明清，传承至今。它在古时以农耕经济与稻田社会为主的江南广受欢迎。江南各地的年糕产地中，慈城年糕一枝独秀。传说，一位陈姓慈溪人受到水磨豆腐制作方法的启发，采用夹水带浆磨米粉，滤干后抽干空气，再行捣舂来制作年糕。他的年糕品相白、透、洁，入口后糯、滑、甜，一时之间风靡街坊间，名扬江南。《宁波市志》中记载：“宁波年糕柔滑细腻，久浸不糊，昔以梁湖米年糕、水底清年糕著称，今以慈城年糕较佳。”

年俗向来都是中国最讲究也最斑斓的风俗。人类的生活合着四季轮回、二十四节气的节拍律动。每到粮食进仓、稻草归垛的农闲季节，家家户户互相帮忙，为迎接春节而忙碌，一起绘出制作新米年糕的民俗百景图。我找到了来自百年老字号冯恒大的年糕非遗传人谢老——他和水磨年糕打了一辈子交道。谢老眉眼和蔼，穿着冬衣带着袖套，带着老宁波的口音和我娓娓讲述慈城年糕的风俗：“一根如玉般洁净又有韧性的年糕从选料开始，经过浸、磨、沥、擞、蒸、搡、摘、印这八道复杂工序才能完成。我们选大米不可随意，年糕的米要用当年的优质晚粳米。每年要生产多少年糕，农户们都要预先计算好，然后划出专门的几块地来耕种。收成后选米时也非常小心，坏的白肚米通通要过滤掉。”

每年从腊月初十起，老百姓开始淘年糕米。主妇找个风和日丽的日子蹲在河埠头上淘米，邻里间只要见到有人在淘洗年糕米，都会说几句吉利话表示祝福。米粉被洗净后放入甏中，用清水浸泡七到十天。缸盖上放红色喜字，搁一把剪刀或一根筷子（避免邪气进入缸体污染米粉）。

水磨年糕成功的关键是磨粉——它需要很好的团队合作。磨头人指挥磨粉节奏，一边把控磨头，一边拨水调节水与米粉的比例。另一人匀速前后运动，两人确保米粉的细度与润滑度都恰如其分。磨粉时，石磨下放一个扁圆竹篮子，内置红稻草，铺上大白细布。妇人们静待米粉被装满后裹好布角，再覆盖上一层草木灰。大白细布和草木灰透气又吸水，湿润的米粉随着时间的流转悄悄地变成了干燥的块状。当大白细布被打开时，再将块状米粉搓成粉状待蒸。

蒸年糕是庆祝丰收、迎接新年的喜事。越接近年关，蒸年糕越有仪式感。

腊月二十八的清晨，慈城炊烟缭绕，青雾缠绵地绕着青山，空气中还留存着一夜江南细雨后清新香甜的味道。“咯咯咯……”雄赳赳的大公鸡仰着脖子打鸣，拖出又响又亮的尾音。它一长鸣，不甘示弱的家狗“汪汪汪”地合唱起来，小型农用车“突突突”一颠一颠地行驶到老街戏台旁的空地停下。

“哎哟喂，这米粉蒸得太好了，白白嫩嫩的！快把米粉桶和石捣臼也从车上运下来，小伙子们你们可要卖力搡，搡匀、搡实、搡糯啊，哈哈哈……”几个欢快的女声此起彼伏，像煮开了的汤圆上下翻腾。

女人的声音还没停歇，几分钟后，又传来男人的歌声与捣鼓声：“嘿嘿搡起来，芝麻开花年年高，做好年糕年年高。”

此刻的我躺在用老宅子改建的民宿床上，看一眼手机——早晨六点。被这份热闹吸引，我走到主街上一探究竟。

街坊阿姨们带着袖套，笑嘻嘻地监督男人们轮番在石捣臼敲打年糕粉。搡年糕的两人打配合，每次搡四五十下便停下休息片刻。不多久就热得出汗，脱下外衣扔给家属，家属在一边唱歌鼓气：“搡一记来复一记。复一记来，再来一记……”搡年糕的人听得起劲，跟着节奏举起木槌继续敲打。没多久，石捣臼中的米粉变得软糯又有韧性，大家连连赞叹。

搡年糕的人听到夸赞，也顾不得累，捶打得更有节奏感了。

灶台与大蒸笼就位，有人不停地用蒲扇扇风生火，火红的火舌从柴火中窜出来。大家合力把家里的长桌板抬出来，又取来年糕模板。精致的年糕模板是由当地有经验的春作师傅雕刻而成的，内纹有花、草、福、寿等中国传统纹样。脱模后的年糕如同雕刻上了精美的花样一般可人。剩下的米团被做成条状白年糕备存，作为家中一年的口粮。民宿老板娘扔了副蓝花粗布袖套给我，让我也体验一把做年糕的乐趣。和大家一样，我等着被击打得软糯有韧性的年糕粉上木桌。

“第一波年糕粉搡好啦！来啦！”随着一声叫唤，男人抱着一个木桶，里面装着洁白、紧密的年糕粉。他往洗刷干净的桌板上一倒，大家围着长桌板群体劳作。第一桶年糕粉被搓成长条状。生年糕条由一个人负责斩断，传递下去，其余人将其搓圆压扁，搓成团再分成三大团拿去蒸。邻里街坊通力合作，一切在谈笑间有条不紊地进行。

晨曦初照，小广场上人声鼎沸，柴火噼里啪啦地爆。第一笼年糕团蒸熟了，所有人停下手中的活计，镇长将三大团年糕供在戏台前的桌子上。大家对着年糕祈福，敬天地。口中默念：“新年新势头，头蒸供天地。”

镇长虔诚地说：“今年过得不容易，大家既要齐心协力地抗击疫情，又不能落下劳动生产。好在镇子没出什么乱子，大家都平平安安的。希望明年风调雨顺，疫情退散，国泰民安。”虔诚的祈福仪式延续了几分钟，大家复又散开继续搡米粉、搓生年糕团、斩年糕、蒸年糕。

第二笼出炉的依旧是一坨坨圆形的年糕团。戏台上搬来一排古镇的名人画像，镇长将年糕团放在祖宗像前，继续带领大家祭拜祖先。我听不见他默念的话语，但从他泪盈于睫的眼中，看得出他正与为慈城带来荣誉的祖先无声对话。

祭祖完成后，镇长指挥分派，让大家把第二蒸年糕团领回去放在堂前与厨房灶头，敬给各家祖先和灶君。余下的年糕团从当中开口，塞进赤豆糖或咸菜炒笋丝。夹心年糕团香喷喷，饱腹又温暖。它们被分发给所有在场的人当早饭吃，喜悦的味道随着蒸笼上氤氲的烟火气悄悄地传递。

第三笼出炉后同样被做成咸、甜两种口味的夹心年糕团。主妇们跑回家拿竹编篮子，按户头认领。有个小女孩拎了个铺着大白细布的竹篮，一边排队一边兴奋地说："这些领回去后我们家几天的早饭不愁了。"前面站着的阿姨回头戳了她一下："小馋猫，我看你还不知道第三蒸的规矩吧。这些蒸好的年糕团领回去后要保存好，过两天邻里走动的时候互相赠送。它意味着四平八稳，邻里和睦。被送人家看到邻居拿来年糕团要祝福'好事成双年年高，你家来年还要好。'送的人就道谢'好好好，大家都好。'小年夜前要送完年糕，你记住了吗？"女孩连连点头。

日头渐渐上升，温暖的冬日阳光拂面，每个人的发丝都被上午的阳光染得微微发亮。家狗们像过节一样，欢快地摇着尾巴在桌板下蹿来蹿去。最后一桶年糕粉被揉实倒在桌上。一位心灵手巧又经验丰富的阿姨开始捏生年糕，向大家示范如何利用年糕模板做出元宝、鲤鱼等花样的年糕。

我将年糕团放入模板，用力按压。当掀开模板倒出年糕时，成型的年糕不是鱼形尾巴缺了条边，就是元宝少了个角。拿印章点红曲粉到白年糕上也不甚顺利，本应清晰流畅的红印总是印得很模糊，像溢出了嘴唇的口红。民宿老板娘笑着说："你们城市来的人，体验一把就可以了，别看做年糕看上去蛮简单的，其实得用巧劲。”一边说，一边过来帮助我。

正午，所有的年糕都蒸完了。大家各自领了花样年糕与白年糕条，有说有笑地散去。

慈城人家在来不及做米饭或单纯地馋年糕时，都会拿出一条白年糕条来烹饪。单单年糕一种食材便可变化出一桌家宴。慈城人爱腌雪菜（咸菜），主妇等汤锅沸腾后，倒入切片年糕、雪菜、笋丝与肉丝一同煮沸，一道清香扑鼻的咸香汤年糕引得人胃口大开。

桂花糖年糕是年糕的另一种形态。年糕被切成细条状，主妇等到油锅滚烫后将其倒入与糖渍桂花一同爆炒，出炉的年糕裹着一层透明的桂花糖汁，有韧性又不粘牙，爱吃甜食的人只要闻到它的香气便口水连连。餐桌上常见的年糕菜还有酒酿桂花煮年糕、大头菜肉丝年糕，每道都是令人欲罢不能的美味。

给我介绍年糕文化的谢老如今不亲自做手工水磨年糕了，除了宣传年糕文化，他还将时间和精力投入更符合时代工艺的机制年糕的品控上。“我现在最重要的事情，一个是带孙子，另一个就是研究如何让机器生产出来的年糕和手工的一样好吃，这样我们慈城年糕才会越来越受欢迎。每年冬天，特别是过年期间，厂里天天运几卡车年糕去各地，我开心得不得了。”这样的匠人精神令我振奋，谢老并没有只守着老古法，他懂得有了源源不断的市场才谈得上延续。

正如谢老所愿，年糕文化在悄然延续，它跳出了年俗食物的概念，成为平日大家下馆子时也爱点的食物。在慈城老街，有一家特别的餐厅，叫“年年高”，他家只以年糕入菜，菜单上不只有传统的年糕做法，还有结合了年轻人口味的创新菜。过年时，它提供春节年糕宴。作为年俗文化的呼应，餐厅用了吉利的红色作为主色调，“年年高”三个红底金色的大字点题，唤起了人们的过年记忆。我对年糕宴充满好奇，进去尝个鲜。

厨房传上来的头两道菜是江南人爱吃的传统年糕菜。“咸菜肉笋丝汤年糕”浓郁咸香的口感是我预料中的味道。“荠菜炒肉丝年糕”受众范围更广，整个江南区域都爱在春天的时候品尝有着馥郁香气的野菜——荠菜。它自带天然鲜味，只要加了它便不再需要味精来调味。用荠菜与肉丝做成的荠菜肉丝炒年糕是大众江南小吃店最受欢迎的主食之一，也是人们口中炒年糕的代表。

随着年糕宴的推进，后面来的两道年糕创新菜不禁令人拍案叫绝，一道是用酸菜鱼做汤底，年糕为主食的创新菜，橙黄清澈的汤底浸润着洁白糯韧的年糕，一把清新的葱花和几颗热烈的辣椒段是点睛之笔。入口酸辣辛香，仿佛来到了蜀地，只有久煮不化的水磨年糕才当得起汤食的原料。另一道蟹黄炒年糕也很妙！江南人素来有吃“毛蟹炒年糕”的爱好，他们会将幼小的河蟹切成几块，用老抽酱油与糖爆炒年糕与河蟹，口感咸甜香浓。当我看到一碗红色酱油年糕上拖着几瓣大闸蟹时，自然而然地将期待调到了“毛蟹炒年糕”的口味上。没想到它丝毫没有传统的甜味。厨师在爆炒时加入了大量的蟹黄，蟹黄与老抽包裹住了原本洁白的年糕片，真是鲜得舌头都要掉下来了。

一顿春节年糕宴让我的味蕾从千年前的江南县城走到富饶的现代化城市，穿越古今的美食之旅是传统与创新的完美结合。直到今日，慈城年糕的风味依然像歌谣中吟唱的一般回味悠长——“宁波年糕白如雪，久浸不坏最坚洁。炒糕汤糕味更佳，吃在口中糯滴滴。”

1
2 3
4

年糕模板 / 1

包年糕团 / 2

将年糕压进年糕模板 / 3

年年有余花样年糕 / 4

慈城传统年糕宴

年糕安 创新蟹黄炒年糕

胭脂河，江南水乡的新年集市

大年初六，我开车载着全家回外婆老家。随着道路渐渐变窄，窗外的风景从泛着银光的玻璃幕墙变成了朴素的粉墙黛瓦。河边民居一眼看不到边，毗连的山墙绘出天际曲线。天空刚刚告别一场不紧不慢的小雨，整个大地都变得颜色分明了起来。运河贯穿田野，静静流淌。随着汽车的几个转弯，河道转为支流，碧绿又平静。湿漉漉的青瓦勾头滴答滴答地坠下水滴。江南的水，一半飘在天，一半融于河。

车停在镇口。我深深地吸了口气："一闻到这新鲜又湿润的空气，就知道外婆家到了！"家家户户的窗檐下挂着庆祝丰收的腊肉。一只黑猫从马头墙上跃下，沿着瓦当矫捷行走，刚要弓起身体靠近窗檐，就被主人呵斥迅速跑开。居住在水乡的人被称为"枕河人家"，这里的景色中永远有充满灵性的小桥、流水、摇橹船，真是"轿从前门进，船从家中过"。

我穿梭在河边窄巷，幼时在狭长幽深的状元巷里与玩伴奔跑打闹的日子像幻灯片般重现。冬季的湿润天气让油绿色的苔藓悄悄爬上了光滑的青砖墙壁，路面也是青石板铺就的，被人们踩得光可鉴人。对面来人时，两人得侧身才能通过。这些宽度只能容一人行走的长窄巷子就像江南水乡的柔肠，接通了古镇，也串起了回忆。

走出巷弄，贯穿古镇的河流近在眼前，景色变得大气疏朗。

竹篙轻轻点，
小船入画廊，
一曲丝竹小唱，
醉我江南水乡。

江南水乡 人间天堂，
香喷喷的日子，
粉嘟嘟的船娘，
仿佛幽梦弥漫唐宋清香，
染你一身芬芳。

船娘阿婆的歌声《江南水乡》随着水波传来。她站在船尾，头上戴了顶竹编防雨斗笠，双手握着木橹，身体一前一后有节奏地摆动，娴熟又有韵律。船体不大，够坐六人。两头窄，船肚宽，像织布机上的梭子。拱形的竹编船篷覆盖在船顶，看得出刷了好几遍桐油。船篷下有木质桌椅，也散发着桐油的香气。摇橹船体平日里是极素的颜色，为了应景春节，船家用飘逸的红绸带围绕船顶缠了一圈。几串鞭炮装饰摇曳在船头，前后贴上了“福”字或“喜”字。船在木橹的摇摆作用下，慢悠悠地向码头驶来。

她见我站在码头，停船问道：“过年里每天都有水上集市，在河中央的戏台还有戏班子演出，要不要去看看？”

我忽然意识到：传承了几百年的新年集市是水乡的狂欢节。船家撑船卖各种风味小吃，河中央的戏台上民间杂耍、戏文演绎轮番上阵。熙熙攘攘的水上集市只有乘坐摇橹船能抵达。我跳上船，坐在船头，河面上几圈涟漪漾起，船缓行启程。

年货放在脚边，我托腮看着两岸风光。雨停歇已久，一缕阳光趁机穿过云层缝隙，将碧波照得像软软的绸缎般泛着光泽。摇橹船有节奏地微微摇晃，橹声欸乃，温柔得像母亲哄着孩子入睡。二月中旬的杨柳迸发了白中带绿的絮芽，再过十日，纤细娇嫩的枝条便能抽出垂下。江南水乡的傍晚，没有任何事情值得焦虑。我的嘴角不自觉地上扬，心情像干枯的茶叶遇到热水般舒展、起舞；又像搁浅后重回水里的鱼儿，欢快地扑腾了起来。

一条条挂满红绸的小船，像嬉戏的锦鲤，笃定地朝水上集市游去。从空中看，素日青绿色的河面被船只染成了胭脂河。越接近热闹水域，唢呐、锣鼓的欢腾之乐交相而奏。戏台不止一个，每隔几百米就有一台戏在上演。戏台旁的木架子上有戏单子，用工整的毛笔字介绍演出剧目与时间。大家可根据排剧时间看自己感兴趣的演出。

戏台子有吹笙打太平鼓的，有敲锣排班演傀儡戏的。几个体态轻盈的杂技人，悬于数十丈高的竹竿上，身体保持平衡，上演着顶碗、鹞子翻身等高难度动作。演员将绳索的两头系在木架梁上，两人手持缘竿分别从绳子的一头走起，然后交错而过。当演员来回摇摆得快要摔下来时，我的心都吊在了嗓子眼。但他们从不真失误，总是在危险边缘徘徊又稳稳站住，引来船上客人的阵阵掌声。杂技退场后，身穿红衣的戏剧演员咿咿呀呀地上台，伴奏者用击鼓的节奏引导观众情绪。舞龙、抖空竹、吞剑、耍戏法接踵而至，应接不暇。

载客的船只要听到客人喝停，便会用船橹撑住停下。若几条船的客人要在一起看戏，船家便用碗口粗的绳子绑住船，自己下船去休憩等待。

我的船后的岸上“嘭”一声巨响，我吓了一跳，以为是顽皮的孩子在放炮仗，摇摇晃晃地回头一瞧，液化气炉子上架着一台体型巨大、黑黝黝的老式爆米花机，一颗颗香气四溢的爆米花像洪流一样喷到袋子中。小孩子们吵闹着要吃，瞬间售罄。师傅又放了一包生玉米，一边拉着风箱，一边摇转爆米花机。

装扮喜庆的摇橹船

唱戏

江南水乡风光

河面上烟火气蒸腾氤氲。厨师们在码头开启炉灶烹饪各色小食，做完了就热腾腾地送到自家船上。空气中弥漫着橘红糕、定胜糕、猪油百果糕的香甜和烧卖、浇头红汤面、熏鱼的咸香。谁若是饿了想买来吃，付钱给船家后，他就用竹竿提着一只草编篮子，里面的大盖碗内装有香喷喷的食物。我点了幼时最爱吃的粉丝千张包——选薄且韧的豆皮作为外皮，包入由鲜肉、笋、开洋（海米）等时令食材组成的馅料，将其裹成三棱柱形。之后放入绿豆粉丝同煮，入口既有肉汤的香气又有粉丝的滑嫩。临近夜晚，霞光斜照在河面上，如红玛瑙一般，河面上依旧花天锦地。有男士嫌不尽兴，让船家吊几瓶白酒和几个下酒菜上船，继续玩乐。

夜深了，我下船回家。临走时船娘递给我一小包油纸，我打开一看，里面竟是一把表皮油光锃亮，烤得焦焦脆脆的五香豆。

过年时的水上集市

过年时挂满腊味的屋檐

停满船的戏台

第二章

岁月欢

肖公巴哈尔节

xiao gong ba ha er jie

帕米尔高原上春的礼赞

旧城已塌，使者犹在

在瓜州榆林窟幽暗的石窟中，我的目光被《水月观音》壁画中的裙装牢牢吸住。在画中，裙的颜色蓝得耀眼又冰冷，空远的疏离感让画中的形象端庄高洁，意境悠远。每一道蓝色勾勒的褶皱尚能隐约见到金屑如星辰般光辉灿烂。隔着玻璃保护板，我被震撼得久久说不出话。研究员和我说："这幅壁画是西夏时期的作品，距今至少八百年了。画中的涂料来自从西域运过来的青金石。"

我不禁喟叹，八百年的时光一点都没有带走青金石颜料的光辉。这种珍贵的宝石沿着丝绸之路，从现今阿富汗地区运出，翻过了高耸寒冷的雪峰，在帕米尔高原的石头城交易给商人。商队再行走八千里将这些珍贵的货物运到敦煌，转为悬崖峭壁上的石窟中一抹不褪的颜色。

我再次被"西域"的伟大文明所折服。汉以来，西域成为对玉门关、阳关以西地区的总称。两关隔开了中原与西域的文化差异，一边是豪迈扩张的游牧民族，一边是自给自足的农耕社会。我们早已对甘肃的戈壁沙漠和千年文化积淀不再陌生，那更远的葱岭呢？史书上写着敦煌以西八千里才是山体高大、草场青绿的葱岭（现今的帕米尔高原），这么遥远的葱岭该是怎样的一番风貌呢？

丝绸之路在中国境内的最西端；

玄奘东归时停驻过的高原；

古时商贾往来的重镇；

唐代遗存的石头城堡；

具有东伊朗血统的俊美塔吉克族，中国唯一土生土长的白种人。

这些符号总是在我脑中盘旋，激起我去一探究竟。

三月中旬，我行驶在砾石山路上。一路景色不断变化：滚滚车轮将深红峡谷、褐黄裸山、灰白沙岭与蓝绿冰湖抛在身后。海拔不断升高，景色变得冷峻。远处，皑皑的雪山峰峰相连，如一条银龙横亘在地。白茫茫的云雾一直流淌着，打造影影绰绰的人间仙境。终于抵达位于塔什库尔干县的石头城遗址。阳光将石头城东侧的阿拉尔金草滩照得温暖和煦，未化的雪水像一道道银色滚边镶嵌在湿地中。当地人总说帕米尔是大地的肚脐，从空中看，它将自然界几条伟大的山脉拧结在一处，只昆仑山脉、喜马拉雅山脉、天山山脉等山脉，就足以将人类比得如一粒粒尘埃。

石头城遍地都是卧倒的巨石与断壁残垣。它见证过千金流转，如今却分文都没留下，只剩下倒塌的残迹。我站在栈道上努力拼凑出它曾经的繁华。根据法国的东方学家布尔努瓦记载，丝绸之路留下三座石头城堡，一座在我脚下，另外两座在阿富汗境内。僧侣、探险家、行者越过雪山在石头城驻扎停留，无数商人在城内交易货物。他们从家乡带来了各种宗教与文明，它们杂糅在此，被吸收与留存。西域这片土地有过太多繁华的古城，它们纷纷隐身在风沙中，过往的辉煌真的分毫不剩了吗？

石头城下的热闹打断了我的胡思乱想，让我忍不住去看看。库孜滚村的村长带领一支身强力壮的小分队，扛起农具，走向融雪中的田野。熟谙地形的引水人穆拉甫找到了靠近水渠的地方——水渠上覆盖着一层厚厚的冰霜。“就是这里！让我们破开冰块，迎接甘甜的雪山水！”他大喊道。

众人提起砸冰的工具，用尽力气重重地砸在冰块上，砸了好几下，冰块纹丝不动。村长大口喘气，摘下吐马克帽擦汗，指挥其他几个年轻人：“看来冰还是有点厚。不过你们听，从慕士塔格峰上流淌下的溪水就在下面，它跳跃敲打冰盖的声音就像手鼓一样清脆。你们去搞点黑土和水，我们撒在冰上，它们能帮助冰块融化。”

村民们寻来辅助用品加快融冰速度，每个人的脸上都挂着虔诚的光，祈祷一年的好收成从今天的破冰仪式开始。有人发现冰面开始松动，隐约出现裂缝。大家一拥而上，提起破冰工具，再次一起发力。

“一、二、三，砸！”重复十次后，冰块骤然碎裂，清澈的溪水涌出，奔流在沟渠中。村长的眼中充满了欣慰与期待：“雄鹰的儿子们，我们合力打开了坚硬的冰，水渠沉睡了一个冬天后，醒了。我相信经过勤劳的耕种，今年我们村一定能风调雨顺，庄稼丰收。你们说对不对？”

“对！”洪亮的声音像鹰笛般直冲天际。

眼前的破冰开垦农事提醒人们，春来了。翻开日历，肖公巴哈尔节近在眼前。

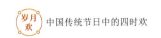

肖公巴哈尔节又称塔吉克族的迎春节。它作为塔吉克族最古老的农时节，承担着“过年”的任务。延续三日的庆典活动昼夜不歇，伴随着播种、引水等农事，成了春暖花开、万物复苏的礼赞。这个节日的产生和形成与气候变迁、农牧时序有直接关系。帕米尔高原有山地、草原与湿地，古老的东伊朗部族过着半农半牧的生活。根据草原畜牧与雪水融化的时间，将一年分为春秋两季，春季是一年新生活的开始。伊朗历法将年岁一分为二，三月二十一日作为春的第一日，也是新一年的开始。巧合的是，它与二十四节气中的春分有时是同一日。

今日偶遇的破冰引水仪式古老又传统，从有了肖公巴哈尔节开始，库孜滚村村民便将它延续至今，是当地人最重要的农事活动之一。我看着村民们遵循古俗在节日唤醒冰封的土壤，回头望了望山坡上的石头城残石，忽然顿悟，就算伟岸的城池被时光带走了又如何，只要生活在此地的子民们一代代延续鲜活的文化，他们就是旧城留给新世界的使者。

节日，是我一窥塔吉克族文化的一扇窗。我决定留下来过肖公巴哈尔节。

古石头城

肖公巴哈尔节时的融雪

古石头城

雪山下的游牧民族

帕米尔高原的风景

塔吉克老人打馕

游历

塔吉克族一家的年味

“踢踏踢踏”，急促的马蹄声由远及近传来，一个年轻的塔吉克男子骑着一匹挂满马饰的黑马迎面而来。他的脸庞轮廓立体，一双褐绿色的眼睛炯炯有神，鼻梁高挺，薄唇，棱角分明。他骑到车边，右脚脱镫，平伸右腿从马臀上方迈过，矫捷地下马。在雪山间策马而来，分明是电影中才有的场景。

年轻的塔吉克男子叫阿布拉江，我预定了他家的家庭旅馆，驱车跟着他的马缓行。路两侧的钻天杨挺直枝干夹道欢迎，红黄相间的地肤花在低矮处挤挤挨挨，为原本萧瑟的高原风光带来了色彩。一些外形与蒙古包相似的塔吉克毡房稀稀落落地竖在黄土上——和蒙古包比，它们顶部聚拢，体态更为小巧。每顶毡房旁都有一栋水泥砌的新房，四四方方带个院子，村民们居住在新盖的房子里。

肖公巴哈尔节前最重要的事情是洒扫庭除，女主人们为迎接即将到来的节日而清扫忙碌，家家户户的院子里晒着色彩缤纷的衣物与被褥。房屋外墙靠近屋顶处用油漆涂成了黑底，上面画着大小不一的红色实心圆圈。

阿布拉江把马拴在牲畜房外，黑马低头慢悠悠地吃着地上的饲料。他撩开门帘，他的母亲笑脸相迎，用不太流利的汉语请我到厅里的炕上坐。我再三推脱，抵不过她的热情，坐在了炕上正中的位置。阿布拉江的母亲端来奶茶放在炕上，笑着请我喝，随后拿起手中的半成品绣品继续缝衣服。

我好奇地环顾四周，进门是客厅，左右两侧各有房间。满眼都是绚丽的手工布艺，炕帷、墙帷、靠枕与桌布的色彩以红色系为主，佐以金、黑、白等色。轻轻抚摸，布上面有凹凸不平的手工塔绣，图案是繁复精美的几何图形组合，也有火焰的纹样，看似神秘多变却又有着独有的排列规则。炕的两边堆着高高的被褥，被蕾丝盖布覆盖着。窗帘也是由蕾丝镶金边织成的，轻柔地垂在炕上。天窗和柱子上雕满花草图案。真是屋外积雪未融，屋内繁花似锦。

墙上挂着大大小小的家庭照片。有一张单人照，照片中的人在冰天雪地中神气昂扬地站在边防站界碑前，“这个是你吧？阿布拉江！”

“是的，我的工作是边防员。我爷爷也是一位边防员，在我小时候，他总是带着馕与水，准时出家门在高原上巡逻。他熟悉每一个界碑！我去年入职，接替他巡逻边境。如今我也熟悉了这里的每一个土坡、草甸，甚至能认出每一头牦牛。”阿布拉江神色骄傲地回答。

门帘被撩开。一位穿着深蓝色风衣，戴着一顶库勒塔帽的年轻女子风风火火地进了屋子。她五官立体，浓眉大眼，毛发浓密，长得与墨西哥女画家弗里达·卡罗颇为神似。宽不盈寸的帽边布满五彩缤纷的花样。她一笑起来，像盛开在山谷的野杏花，极具感染力与生命力。

“我叫卓里古丽，是阿布拉江的姐姐。家里来了客人陪我们一起过节真好！”女子言谈含笑，看上去极为亲切，瞬间拉近了大家的距离。

三月二十一日，肖公巴哈尔节的第一天。早晨九点天才睁开眼。朝阳把它的光芒射向雪山，撒上碎金。羊圈传来“咩咩咩”的叫声，村里人陆续醒来。屋子里大家合力外移贴着墙壁的家具，阿布拉江的母亲身穿深蓝色镶花纹上衣，下身穿了一条墨绿色毛呢裙，头戴库勒塔帽，绑了一条白色帽帷。她手捧一盆由面粉与水调匀的糊状物站在墙边，大家用刷子蘸取后在墙上画上“Y形”花纹，并把干面粉撒在被褥、家具、厨具等物件上。

阿布拉江仗着个子高，踮起脚在墙壁靠近天花板处涂抹花纹，一边涂一边给我介绍：“肖公巴哈尔节在我们心里很重要。从今天起，冰封的山溪陆续苏醒，开始流淌，灌溉庄稼。野杏花也开始绽放，为结出饱满的杏仁而努力生长。节日的第一件事情，就是每户人家都要用面粉涂墙壁。面粉是幸福吉祥的象征，我们涂墙、撒面粉的寓意就是迎新春、迎接幸福。”

涂完墙后，阿布拉江一家偕同两姐妹来到村里的小广场。村民陆陆续续地赶到、聚集。一名十来岁的男孩牵着一头小牦牛，以一个点为中心绕行，牦牛的脚印在将化未化的雪地上留下一个圆圈。过程并不简单，小牦牛经常罢工，跪在地上不肯走，男孩憋红脸也拉不动它。他的父亲赶紧走过去，投喂小牦牛用豌豆粉捏成的食物，牦牛得到了鼓舞，站起来继续绕圈行走。

“这个仪式在我们村已经简化了，以前是每家的男孩都要牵一头牲畜围着房子绕出一个圆圈。这个圆形代表了太阳。我们希望从春天开始，温暖的阳光与我们片刻不离，全村粮食富足，安居乐业。”随着完美的圆形终于呈现，村民们鼓掌欢呼。

散场后，家中的妇女们忙着为节日准备食物。卓里古丽母女点燃馕坑，准备打馕。由于卓里古丽的姐姐已经出嫁，怕她家人手不够，隔壁邻居的姑嫂们前来帮忙。卓里古丽笑着道谢，一位手脚麻利的姑姑回答：“傻孩子，有什么可谢的？一家奶的数量虽然少，各家的奶可淹死虎豹！待会儿肖公要领男人们来串门了，有我们在，你家客厅立马能堆满吃的！今年的肖公，大家又推举了老村长艾力提老爷子，他可是我们村最德高望重的人了。”

大家围坐在馕坑边制作面食，一边和面，一边放入芝麻、洋葱、鸡蛋、酥油、奶、盐巴等调料。我蹲在馕坑边，帮忙做一些简单的捏面团的工作。为节日而烤制的馕又厚又大，呈圆形，中心薄边缘厚。妇女们用木针在面皮上戳出各种圆点花纹。不一会儿，馕坑内传来面食的香气。油锅也热起来了，卓里古丽用手压在面筛子背面，捏出空心圆块儿，放进热油锅炸几分钟，一锅又香又脆的阿尔孜克（油炸饼）就出锅了。她继续将被擀成长细条状的面粉绕成圆圈，放在油锅里炸。我伸头张望——这不就是油炸馓子嘛！随着食物的香气越来越浓郁，馋得我忍不住吞口水。卓里古丽往我嘴里塞了一口刚刚出炉的油馕，焦酥的金黄色外皮还滋滋冒着油泡，口感柔韧酥松，裹带着一股浓郁的奶香。我满足得眯起眼睛，手上和面的力道不由大了几分。

冒着热气的大馕首先被端上了长桌，它的周围摆放了七种象征春天来到的食品——一个篮子中装满豆苗、萨马努（一种由豆苗制成的甜酱），沙枣、大蒜、苹果、食醋和象征着日出的漆树粉。这些味道浓郁的食物让我想起了古时荆楚地区的人们在立春有吃五辛盘的风俗。五辛盘的配菜有大蒜、小蒜、韭菜、云苔、胡荽（香菜），吃了后活动五脏，保持健康。两地相隔这么远，冥冥之中却有着在春日吃辛辣蔬菜的相似习俗，更可见文化的互相辐射从来不会被崇山阻挡。

果然如邻居说的，没过多久，炕上的长桌上便摆了一溜儿的高角托盘，托盘内放满各式面食、糖果与奶干。卓里古丽的母亲蹲在取暖的火坑前，将捣碎的红茶放入铜壶中煮。待水沸腾，茶烧开后放入鲜奶。她右手举着勺子不停扬起、放下搅拌奶茶。等她判断红茶与奶充分融合后，拿出茶碗，用勺子撇开茶叶，只舀出奶茶。茶碗被依次放在桌上后，她又进入厨房，带回了盐、磨碎的杏仁，依次添加到奶茶中。

院子里人声鼎沸，欢声笑语传入家里。阿布拉江的爸爸开门迎接，阿布拉江赶紧递给他一碗面粉。一位穿着长皮衣的老人带着一群男人来串门，他就是被推举出来的肖公——村里最受人尊敬的老人。肖公的头上戴一顶黑绒质地的帽子，帽子的下沿卷起，露出一圈同色皮毛。他红光满面，步履矫健，看到男主人大声说道：“春天伊始，恭贺大家肖公巴哈尔节吉祥圆满、万事如意、阖家欢乐，我给大家拜节了！”

阿布拉江的爸爸一边笑着应答：“但愿如此！大家都幸福快乐！”一边将面粉撒在每一位客人的右肩膀上。肖公被请到炕中央坐下，他拿起热乎乎的大馕，掰成一块一块，念一句“比斯米拉”后自己吃了一块，将掰碎后的大馕传递分食。卓里古丽从厨房端出来一盆清炖熟牦牛肉，取出一把锋利的小刀，将肉切均匀后分给大家。客人们端起奶茶与食物，吃吃喝喝。主客互相寒暄，其乐融融。

肖公与客人们坐了十五分钟后便告辞，带着那群男人走了。我啃了一口牦牛肉，后槽牙用力咀嚼，咽下去后和卓里古丽说："肖公的身体看上去真好，可他们怎么才坐一会儿就走了？"

卓里古丽说："这位老人今年90岁啦！是不是看不出来？他得带领大家串二十几户门，所以都待不久呢！"

屋里没冷清几分钟，院子外又传来女眷的拜贺声。卓里古丽欢呼着跑出去迎接，原来是她的姐姐来串门了！两人见面后不断亲吻对方嘴唇，一身红装的姐姐进门看到她的爸爸，亲吻他的手心。她爸爸把半碗面粉全都倒在了她的肩膀上。女眷们互相打招呼，把奶干往嘴里送。卓里古丽将我介绍给她的姐姐，姐姐贴上来吻我脸庞，我礼貌地回吻。

谈笑间，阿布拉江递给她一碗奶茶："午后有骑马叼羊的比赛，去赛马场要穿过一片浅滩，汽车不一定开得过去，你们坐在马背上，我和兄弟们骑马带你们过去，记得带好手鼓为我加油！"他坐下搓了搓手继续说："下午的比赛是团体赛，我带着一群兄弟和村里的另外一组对抗。我半年没玩叼羊了，馋死我了！上次还是在大姐的婚礼期间玩了一次。今天一定要赢下比赛！"

节日食物

塔吉克家庭过节

节日切牦牛肉

1	2
3	4

库勒塔帽 / 1

馕 / 2

开门撒面粉习俗 / 3

塔吉克家庭房屋外观 / 4

塔吉克老人打馕

习俗

山谷中的叼羊比赛

几匹骏马奔跑到草原上，听从骑手的指示，像性能最好的越野车一般刹车停下。黑马温柔沉静的眼神像一汪高山湖水。

一望无际的山坳是赛场，组织者将两个大型橡胶轮胎按相反方向拖到赛场两边。一只被宰了头、扒掉内脏的山羊躺在地上。观众们自发散开，找土丘站在高处观看比赛。一支盛装打扮的乐队吹奏鹰翅做成的笛子，敲打单面蒙皮的手鼓，为选手加油鼓劲。

卓里古丽给我解释比赛规则："叼羊是塔吉克族传统的体育活动。我们在高兴的日子，比如村里有人结婚生子和大节日，会举办叼羊比赛。你可以把它想象成足球比赛。骑手们分两队，山羊是足球。两支队伍骑马角逐，通力合作，谁先把这只羊投进对方营地的轮胎中，谁就获胜。"连绵高耸的雪山俯视赛场，赛马们蠢蠢欲动。参赛选手到齐集合。

阿布拉江神气地骑在马背上，与身后的十几个队友组成马队。骑马站在他对面的男人是他从小到大的对手——多米尔。多米尔一头卷发，脸部线条刚毅。

“阿布拉江，很高兴又能和你酣畅淋漓地玩一次叼羊。不过无论我们比赛多少回，赢的总是我。”多米尔打招呼的方式略带挑衅，他身后的队友们吹着口哨附和。

“多米尔，那可不一定，这半年来我没少练习马术，倒是你的马一直被拴在马厩里。今天我们一定赢你们！”

一声又尖又细的鹰笛声宣告比赛开始，两队骑手向躺在地上的山羊飞奔。阿布拉江一马当先，嘴里叼着缰绳，双手脱缰，弯身一把拽起山羊，朝着多米尔队伍轮胎的方向飞驰。多米尔队伍的骑手不甘示弱地紧逼过来，有两匹马速度飞快，堵截围抢阿布拉江马背上的山羊。阿布拉江几声大吼：“掩护我，把他们挤开！”他队友在马背上的吆喝声此起彼伏，两个骑手追上，横冲直撞，生生将多米尔队伍的骑手挤了出去，为阿布拉江杀出一条血路。另有一对队友，一左一右地上前保护阿布拉江。小队气势如虹，眼见就要抵达对方的轮胎。

“驾！驾！”多米尔紧皱眉头，快马加鞭，不依不饶地紧跟阿布拉江，大喊让队友加快阻截速度。他冲到阿布拉江前方，忽然减速，左手拉着缰绳，靠腰部力量支持，侧身下腰，伸右手去抢夺山羊。阿布拉江的黑马被骤然惊吓，前脚高高弓起，嘶鸣着向后仰倒。他被颠得来回甩动，眼看就要摔下马。阿布拉江倒也不慌，双腿夹紧马肚子，腹部用力，拼命提紧缰绳，总算控制住了身体。当马的前蹄回到了地面上，看台上卓里古丽快蹦出来的心才算落地。

只是在阿布拉江防止落马时，没顾上马背上的羊。羊飞了出去。多米尔像在做马上体操一样，勾着马鞍，双脚站在马背上，一把抓住空中的羊，转身就往阿布拉江队伍的轮胎方向飞驰。场上的人这才反应过来，转头跟着多米尔的马驰骋。

山坳震地如雷，当马队铁蹄掉头经过观众时，尘土四起，浓烟滚滚，我拿着相机的手不受控制地晃动。观众拼命呐喊鼓劲，声响居然盖过了尖锐高昂的鹰笛声与节奏激烈的手鼓声。

多米尔的队伍势如破竹，眼见就要抵达阿布拉江队的轮胎。阿布拉江队怎会示弱，所有队友把提着羊的多米尔团团围住，不让他接近轮胎。作为风暴中心的多米尔左右试探，想要突破重围。正当他想把羊抛给离他最近的队友时，混乱中不知是谁的手肘重重地敲到了他的头，他右边的脸受到重击，额头流血，眼眶一片淤青，眼底血红，摔下马，滚了两圈。

赛场瞬间安静，骑手们见势都勒缰跳下马，围观多米尔的伤势。阿布拉江和另一个人扶多米尔下场休息。组织方拿来创伤药，又用毛巾给他敷眼睛。多米尔不停地喘气，用手捂住流血的伤口。

几分钟后，多米尔的伤口被包扎好，他起身活动了下筋骨说：“我的伤不严重，我还要上场。我们的比赛继续。”

阿布拉江震惊地问他：“你不疼吗？换个人上场吧，你现在眼睛受伤，视线受损，万一又挂彩怎么办？”

多米尔指着场上的队友——他们的马在原地踏步，等待再次奔跑：“只要我还能骑马，我就不能下场休息，我的兄弟在等我。你是我尊敬的对手，我要和你比到最后！”

在所有人的欢呼下，多米尔再次率队开赛。几经拉锯、角逐，骑手像涨潮的海浪般涌向羊所在的方位，一场混战再次上演。争、夺、堵、抢，山羊屡次跌下马在地上摩擦，难舍难分中，阿布拉江侧身弯腰，用尽所有力气抢到山羊，高高举起，抛给队友。队友的马像宝剑出鞘，冲出重围。在大家的合力之下，山羊被丢进了多米尔队的轮胎里！

场上一阵欢呼，获胜队伍的支持者纷纷跳起来庆祝，我尖叫连连，像自己赢了比赛一样兴奋。

叼羊比赛共三局。阿布拉江的小队三局两胜，获得了当日最终的胜利。

塔吉克骑士

塔吉克骑士

风物

月光下，雄鹰的爱与愁

回到村里，所有参加比赛的人聚在一起庆贺。篝火熊熊燃起，迸出火星，羊被架在铁架子上烤，肉的香气伴随着快乐持续散发。大家围坐成一圈。篝火旁有几位乐手，吹鹰笛的男子技法纯熟，曲调别致。打手鼓的两位妇女欢快地合击鼓面，一位掌握主节奏，另一位配合着击打伴奏，营造出不同的鼓点。弹奏热瓦普的两位男子摇头晃脑拨弄琴弦，沉醉在欢快的旋律中不可自拔。

灶台上蹿出火苗，几只被拴着的羊茫然地跪在一旁。一群妇女蹲在厨房中不停搅拌油与面粉，直到它变成黏稠均匀的油面糊，她们在准备宴会的食物“哈克斯”来招待客人们。另一个大锅内盛满了冒着热气的羊肉抓饭。皮牙子（洋葱）在热火翻炒下融化在油亮亮的米粒中，留下的鲜美风味是它来过的证据。金黄喷香的羊肉旁堆着红、黄两色胡萝卜。主厨自豪地说只有帕米尔高原才能产出地道的黄萝卜。

孩子们在院子中奔来奔去，大喊：“我要吃抓饭！我要吃烤羊肉！”

两位年轻男子分别穿着蓝色与黄色的套装，他们的袖子从袖口垂到腰部——边缘呈波浪状，抬起手时衣袖像老鹰的两只翅膀。男子随心起舞，手臂一颤一颤，时而一前一后，时而一高一低。膝盖微微弯曲，步伐沉稳有力，双脚伴着节奏踩步。他们拧腰躬身后又仰起双臂后举，姿势如同老鹰起飞与盘旋。伴着旋律与鼓点，两人快步行走，肩背贴近，四目相对，急促相靠，又骤然闪开——活脱脱像两只老鹰在相互搏斗。舞蹈的高潮部分，两人不停旋转竞技。观看的村民纷纷站起来吹口哨鼓掌。

一曲刚歇，鹰舞谢场。热瓦普的琴弦又被乐师轻轻拨动，乐曲的旋律优美绵长。妇女们相互拉着手站起，即兴起舞。高举的双手随着音乐节奏自然弯曲，腕部带动手掌左右摆动，手指微微翘起，姿态优美。院子里回荡着塔吉克情歌：

你是雄鹰我是鸽子啊，我的情人，
你要飞向远方我该如何是好。
当阳光初照时乌云却遮住了天空，
我为你陶醉啊我美丽的月亮。

我坐在地上，头随着节奏左右摇摆，像看一场演唱会一样开心，看着周围塔吉克族女子的即兴舞蹈，心里打着节拍，右脚随节奏一颠一颠，在每一首旋律结束后站起来叫好。乐手们又弹奏起古老民歌《古丽毕泰》，我惊觉这旋律特别熟悉，眼神发光，一拍头自言自语道：“这首我熟悉啊，这旋律不是《花儿为什么这样红》吗？我也能跳。”说完拍拍屁股从地上站起，脖子像被打了石膏一样僵硬地摆动，同手同脚地加入舞蹈。

阿布拉江的眼神像燃烧的火把一样看着一个在人群中跳舞的女孩。

她盛装打扮，穿着一身红色民族礼服，皮肤白皙细腻，鼻子微微翘起，蓝色的眼睛楚楚动人，漂亮得像一朵红玫瑰！女孩跳累了坐在篝火旁，阿布拉江鼓起勇气，走到她面前掏出一只绣花包后说："我美丽的心上人，我对你热烈的爱意熊熊燃起，我的心就像被烧焦了的火柴一样煎熬，我想把代表我心意的火柴给你看，请你接受我的爱意。"

女孩有些为难和不知所措，特别是当她打开绣花包看到里面是一根烧到一半的火柴时，尴尬地摇了摇头，将绣花包塞回阿布拉江手里，从他身边离开。

阿布拉江眼里的火灭了。抱着纤细的六弦热瓦普远离喧闹，坐在草垛上看着天空。一轮椭圆形的月亮挂在雪峰上，墨蓝色的天空像丝绒般幽深。他握着火柴，摇了摇头说："爱火已经把我的心都烧焦了。她如果也爱我，愿意把她的心给我，此刻会送我一颗杏仁吧！可是她走了。慕士塔格峰上的月亮啊，今夜你那么美，却缺了一块。"

当他再次望向人群，看到女孩悄悄递给多米尔一块手帕，多米尔打开时，拿出了一颗杏仁，幸福的神色挡都挡不住，正想咧嘴笑，却不小心牵扯了右脸伤口。女孩心疼地用手帕摩挲他的脸。

阿布拉江苦笑着自言自语："臭小子，你又赢了。好好对她，否则我的马鞭可不会饶过你！"

他的手指拨弄起热瓦普，吟唱《古丽塔扎》，惆怅的歌声轻得只有失恋的少年自己能听见。

鲜花啊，为了你，
我神魂飘散，
你芬芳的秀发将我绕缠，

你锋利的钢刀刺中我的心田，

你熊熊的情火烧得我像焦土一样，

将我推进火海！

天空中椭圆的银月疼惜地看着这只受伤的雄鹰，将温柔的月光洒在他的琴弦上。高原上的雄鹰沉睡了一晚后，还会展翅翱翔，就像过完肖公巴哈尔节，象征无限喜悦与希望的春天就迈着大步子来了。

塔吉克乐器

第三章

岁月欢

生命留有余光

qing 清 ming 明 jie 节

中国有一个节日，
充满了行为矛盾艺术。
肃穆与嬉游，
哀思与欢愉，
可以在同一日出现，
它就是清明节。
它从邈远的历史中走来，
如何从二十四节气之一变身成为中国最传统的节日之一？
让我们先打开被尘封已久的寒食节这道门。

清

溯源与演变

天清地明纳三节

寒食节：冰与火的拔河

元丰五年，谪居黄州的苏轼心情孤郁，这已是他在这个地方过的第三个寒食节了。苏轼二十岁在科举考试中摘得榜眼，主考官欧阳修连夜拿着他的考卷去面圣，说此人有宰相之才。之后他因为乌台诗案获罪入狱，坐了几个月的冤狱，几乎放弃了对生活的希望，后被贬官至黄州。黄州是他职业生涯的重大转折，之后一路被贬。

那年他写下《寒食雨二首》，成就了中国艺术史上最伟大的书法字帖之一。第二首中有一句是："空庖煮寒菜，破灶烧湿苇"，空荡荡的厨房，没有烟火气息的炉灶，冰冷的食物，点不燃的湿芦苇。这些环境描写让读者共情地感受到了空虚与寒意。苏轼笔下的寒食节并非只是情绪的抒发，也是真实的描写。

《寒食雨二首》

自我来黄州，已过三寒食。
年年欲惜春，春去不容惜。
今年又苦雨，两月秋萧瑟。
卧闻海棠花，泥污燕脂雪。
暗中偷负去，夜半真有力。
何殊病少年，病起头已白。

春江欲入户，雨势来不已。
小屋如渔舟，濛濛水云里。
空庖煮寒菜，破灶烧湿苇。
那知是寒食，但见乌衔纸。
君门深九重，坟墓在万里。
也拟哭途穷，死灰吹不起。

古代的太原地区有很长一段时间，从冬至起到之后的第105日，老百姓不能开灶，只能吃冷冰冰的食物。周朝，专管取火的官员司煊氏在春分至时，摇着木铎巡行振鸣，告示大家仲春二月起开始禁火。这个告示有消防的意义。周朝的山西多森林，天文官根据星宿变换，指导百姓何时停止用火，何时重新取火，背后充满了对火的崇拜与禁忌。

春秋时期晋国又流传起另一个风俗，将禁火传统进一步演变为吃冷食。民间为纪念贤人介子推而不吃热食，并坚信若打破风俗会引发冰雹等自然灾害。这点让曹操大为震惊与愤怒。从气象历史上看，三国很冷，公元3世纪正值全球寒冷阶段，江淮结冰现象普遍。公元206年，曹操率大军进攻袁绍外甥高干盘踞的并州（今山西太原地区），一战夺并州，高干准备逃向荆州时，被曹操部下斩杀。正当他意气风发地准备统一北方时，发现当地百姓自冬至后的一百多天的日子里，竟然不生火做饭，只吃储备的冷食。经常有抵抗力差的老人因为冬天喝凉水、吃生冷食物而腹泻病亡，病人与孩童也无法招架如此不人道的饮食方式，家人想尽办法为他们加热食物——用自己的体温焐热或者包裹好食物埋进动物粪便取暖。

曹操意识到这种不合理的风俗会影响百姓健康，从而束缚太原、上党、西河、雁门四郡的发展，因此下达了严格的禁令。禁令中，他以伍子胥为例子来反驳这一风俗。同为春秋时期的忠臣伍子胥自尽沉江后，吴国人虽也纪念伍子胥，却从没有“发明”不使用水的习俗，所以用吃冷食来纪念介子推纯属荒唐。颁发废除寒食的文件后，如果发现还有这种情况发生，一家之主蹲半年牢房，主吏蹲一百天牢房，当地的官员扣发一个月的工资。

《明罚令》

闻太原、上党、西河、雁门，冬至后百有五日皆绝火寒食，云为介子推。子胥沈江，吴人未有绝水之事，至于推独为寒食，岂不悖乎！且北方冱寒之地，老少羸弱，将有不堪之患。令到，人不得寒食。若犯者，家长半岁刑，主吏百日刑，令长夺一月俸。

曹操并不是历史上第一个建议废除寒食的政治家，后赵国主石勒也发布过类似的禁令。出人意料的是，寒食的流行风潮并没有随着禁令而消退，当民间将它与自然灾害强行关联在一起时，它反而如陌上的野草，走出了太原，无声无息地向全国蔓延。在冰与火的拉扯与拔河中，它的时效从 105 天渐渐缩短：三月、一月、七日、三日，人们也为了自身健康而妥协。

直到唐朝，寒食节迎来了它命运的变化。第一个变化是它正式被纳入公休假，成为法定假日。另一个变化是清明从节气变为法定假日。由于两个节日距离很近——清明通常在寒食节后的一到两天，朝廷便将两节相通，一次性放假。从唐玄宗时期的开元二十五年令四日，一路延长到贞元年间的七日。唐人一下子拥有了除了元日之外的最长假期，堪比现今不用加班调休的黄金周。悠长假期中，朝廷传递新火，民间忙于扫墓、祭祖、踏青、游园、运动，也有人只是单纯地享受春日的清丽锦绣。诸多事务与乐趣让民众的心情再也不拘泥于类似于禁欲地吃冷食。

冰与火的拔河还没结束，寒食与清明的此消彼长又开始了。当时的人们可能不曾想到，正因为清明节有完全不同的风俗，再加上快乐的上巳节又在这几日。各种节日元素碰撞融合后，成为逼迫清冷的寒食节退出历史舞台的利箭。

上巳节：古人的春日假期

上巳节的来历可追溯到上古时期，人们为了纪念伏羲，于每年农历二月二日至三月三日聚集举办活动。魏晋后，农历三月三日被确定为上巳节。

永和九年，暮春之初，天朗气清，惠风和畅，一场上巳雅集正在举行。浙江绍兴西南的兰渚山以当年越王勾践在山上亲手种下兰花而闻名。兰渚山有一处别致的小亭子，名曰兰亭。时任会稽内史的右军将军王羲之，召集了一大批名士和世家大族子弟，谢安、谢万、孙绰、王凝之、王徽之、王献之均在其中。名士们会集在山野之中，将酒洒在水中，然后用兰草蘸上带酒的水洒到身上，借以驱赶身上的邪气。

王羲之等人自创了东晋文人的浪漫活动方式——曲水流觞，饮酒赋诗。大家选中一条蜿蜒曲折、涓涓流淌的溪水，名士们分坐在溪水两旁，一杯盛着酒的觞沿着溪水游顺流而下。根据雅集的规则，觞若停在哪位名士的面前，他就得痛快地将觞中的酒一饮而尽，然后赋诗一首，要是赋不出诗来，就要罚酒三斗。王羲之在这场聚会上挥毫泼墨，作下被后人誉为“天下第一行书”的《兰亭集序》，传为佳话。

上巳节的乐趣远不止雅集。这日文武百官集体休假，游子寻春半出城。人们在野外郊游踏青，以歌抒怀。少男少女们放风筝、荡秋千、斗鸡、蹴鞠。大家用激动的心情告别寒冷冬日蜗居在家的烦闷，在桃李烂漫、艳杏吐芳的温暖春日中纵情玩乐。

古人踏青如同现代人旅游一样，是发自内心地想亲近大自然。脚踩在沾满露水的草地上，嗅着飘着植物芳香的清新空气，心情变得愉悦安宁。不止如此，踏青也是青年男女相识攀亲的好机会。古老的诗歌总集《诗经》用明快清新的词语描绘了一对春秋时期郑国青年男女于上巳日在溱水和洧水岸边踏青游春时的对话，诗中散发着暧昧的爱情荷尔蒙。水岸边参加欢会的人们手持兰草，摩肩接踵。一对男女相互爱慕，女方相约去更远处同行，两人嬉笑戏谑，少男赠予女子代表爱情的芍药花。读这首诗就如同看一场春日爱情电影。

《郑风·溱洧》

溱与洧，方涣涣兮。士与女，方秉蕑兮。女曰观乎？士曰既且，且往观乎？洧之外，洵訏且乐。维士与女，伊其相谑，赠之以勺药。

溱与洧，浏其清矣。士与女，殷其盈兮。女曰观乎？士曰既且，且往观乎？洧之外，洵訏且乐。维士与女，伊其将谑，赠之以勺药。

唐代之后，清明节渐渐兼容了上巳节与寒食节的诸多习俗与功能，清明踏青成为大家熟悉的活动。清代文人沈复的《浮生六记》就曾记载了这样的一个场景：沈复与妻子芸娘情意相投，芸娘是一位懂得生活的贤妻。某年清明节，沈复约朋友们一同外出踏青。芸娘怕大家游玩时只能吃冷食，伤了肠胃，于是雇了位卖馄饨的摊贩跟随他们一同春游。摊贩挑起担子，拿着炊具，一路跟随大家，歇停时便燃起火炉温酒热菜。这一妙招别有一番野炊的趣味，满足了文人们踏青赏花时的饱腹欲望。

春日的运动多样有趣。汉武帝祈祷有千秋之寿，故后宫多有秋千之乐。之后春日荡秋千在宫廷与民间广为流行。微风习习，青春洋溢的女子站在秋千上衣袂飘飘，像欲乘风归去的仙女一般上下飘荡，忽高忽低，快乐的娇笑声随着环佩叮当的清脆响声一同传来。这样的美丽画面被无数诗人与画家留在了文学作品之中。

这一时节也适合放纸鸢。纸鸢最开始是用于军事，军中常用纸鸢传递消息，之后渐渐发展为儿童喜爱的游戏。在风和日丽、杨柳青青的春日，天空中布满了形态各异的纸鸢，一根根丝线牵扯着它们，将天空装点得色彩缤纷。南宋临安，纸鸢展翅高飞，西湖旁的少年们任凭各自的纸鸢相互缠绕拉扯，以谁的纸鸢线最后断为胜。纸鸢又名风筝，放风筝有“放晦气”的说法。《红楼梦》中写道，黛玉与众人放风筝，黛玉用手帕垫着手，顿了一顿，果然风紧力大，接过籰子来，随着风筝的势将籰子一松，只听一阵豁刺刺响，登时籰子线尽。黛玉因让众人来放，众人都笑道：“各人都有，你先请罢。”黛玉笑道：“这一放虽有趣，只是不忍。”李纨道：“放风筝图的是这一乐，所以又说放晦气，你更该多放些，把你这病根儿都带了去就好了。”

《山塘棹歌》

春衣称体近清明，风急鹞鞭处处鸣。

忽听儿童齐拍手，松梢吹落美人筝。

清明节：万物生长之时，皆清净明洁

唐宋两朝，每年寒食、清明两节，朝廷都要组织隆重的改火仪式。寒食节期间，全国纷纷熄灭燃烧了一年的薪火，然后禁火三日，这一习俗被誉为“灭旧火”。有督察队会抽查民间有无认真执行，比如将羽毛伸进炉灶里探试，只要羽尾的绒毛被热量烧得微微弯曲，便算是不合格。

清明这一天要“改新火”。小孩子们在殿前钻榆木取火，大家比赛，第一个成功得到火的孩子能得到三匹绢、一口金碗的奖励。新得的火种点燃了一支支蜡烛，它们如流萤般从皇帝的手中分派到朝廷重臣家中。一簇簇火苗像极了现今的奥林匹克圣火，神圣地传向皇朝权力中心的那批人。轻烟在王侯贵族家中再一次冉冉升起。

民间也忙不迭地钻榆柳取新火。窗前的灯需要点燃，灶头需要再次烧热，火带来的生机与温暖是春日最好的象征。

《清明日赐百僚新火》

御火传香殿，华光及侍臣。

星流中使马，烛耀九衢人。

转影连金屋，分辉丽锦茵。

焰迎红蕊发，烟染绿条春。

助律和风早，添炉暖气新。

谁怜一寒士，犹望照东邻。

三月三的长安曲江水边，碧水溶溶，鱼跃鸢飞，骀荡的暖风撞着杨柳丝，撩动着刚刚熬过寒冷冬日的人心。丽人们换上明媚的春装，秀出美好的青春。游人们纷纷结队宴请游玩，喧哗的醉语是来自上巳节的声音。

与同时期上巳节的欣欣向荣不同，寒食节承担了一份肃穆。开元二十年，唐玄宗诏令天下，将“寒食上墓”编为五礼，永为恒式。扫墓、祭祖都在寒食节进行。只是禁火期不能烧纸钱祭拜亲人，为百姓增添了许多烦恼。诗人王建更是用“是三日无火烧纸钱，纸钱那得到黄泉”的诗句来抒发心底的不满。祭拜的不便、冷食的寡味，总让人无法从心底爱上寒食节。

当时的景象一边是清明上巳西湖好，满目繁华，争道谁家，一边是风吹旷野纸钱飞，古墓垒垒春草绿。漫天飞舞的纸钱与“直到城头总是花”的春日美景形成了强烈的视觉冲撞。谁去谁留，总要有个选择。

时光在流淌，传统在转变，大家貌似更喜欢万物生长时清净明洁的清明节。当人们发现清明长假完全能承载寒食节的扫墓祭祖与上巳节的郊外游春等多重功能时，便让它取代了寒食节与上巳节，成为一个集哀思与欢愉于一体的节日。除此之外，作为节气的清明还承担着指导农事活动的任务。“清明之日，修蚕具蚕室，宜蚕。”每当桃李绽放，鸟儿在林木间穿梭啁啾时，勤劳的养蚕人便开始了新一年的忙碌。

清明节是最接近人生枯荣哲学的节日。当生与死、伤情与快乐、哀思与希望全部融于一天时，人必须完成从死亡的哀思到新生的希望这样一个心理变化的过程。短短一日，就像走完了人的一生。

游历

惠山：清明的样子你都有

祠堂文化：家祠是家族的年轮

清明节可以去无锡西郊的惠山走一走。站在建于南朝的惠山寺大殿青石台阶上，看温柔的晨光穿过栽种于明代洪武年间的银杏。古街上鳞次栉比的祠堂纷纷披上一层金边，显得圣洁又美丽。从山上流下的泉水叮咚作响，滋养了古镇的文明，也成就了“天下第二泉”的美名。正如惠山民谣中唱的：

三月桃花是清明，
家家打扮去游春，
阿姆嫂嫂一大群，
烧香浜里往西行。

祭祖先，赏泥人，品清茶，逛园子，这是我清明来惠山时惬意的生活方式。

惠山古镇是特别的，与许多民居聚集的江南水乡不同，它的起源颇为庄重。祠堂文化可追溯到春秋战国时期，起于唐，盛于明。中国人对宗祠与家族观念比什么都重视。明代嘉靖年间，建立宗祠的特权从王公贵族专享开始走入民间，受忠孝节义价值观的影响，朝野形成共识，立祠祭祀，教化社会，人们纷纷择地在城郊惠山营建家族祠堂，形成了规模不小的建筑群。祠丁们是第一批居民，得益于惠山寺的庇佑与大运河支流的资源，择水而居的他们开始扎根惠山，砍柴挑水，制作泥人，迎接南来北往的客人，成为一个独特的阶层。依托茶泉、寺庙、园林和祠堂，惠山古镇渐渐兴盛。

走在布满宗祠家庙的古街道上，春花攀上斑驳的白墙，屋顶上高高翘起的飞檐彰显气派。封火山墙表现了典型的江南建筑韵味。五步一楼、十步一阁，仿佛回到了当年飞楼连阁的繁盛。一开始，宗祠是家族供奉祖先、收藏家谱的地方，它神圣不可侵犯，总给人一种威严的感觉。随着家族意识越发强烈，族人们会聚集在祠堂中讨论重要事务，或者举行成人礼等仪式。孩子们也会聚集在此，在老先生的启蒙教导下开启人生的学习之路。宗祠的空间开启了社交与教育意义。岁月流转，现代文明加速了社会的进步，越来越多的年轻人离开老家，去城市生活，但姓氏与家族观念是融于骨血的牵挂。当快节奏的生活压力迫使人们像一颗陀螺般加速旋转时，人总想歇一歇，回到温暖与赋予人力量的家。于是越来越多的人来到惠山，找寻本姓的宗祠，感受血脉中的归属感。

我在清明与家人共游惠山，约了当地友人“惠山大表哥”带我们边走边讲述这里的历史。每一座祠堂都有自己的故事。我到访的第一座祠堂是华孝子祠——它可谓民间被允许破例建祠的典范，它供奉着东晋时代的一个普通老百姓华宝。在许多人眼里，他只是一介草民，一个终身不娶、年过古稀还梳着孩童发髻的古怪老人。东晋末年，战火连绵不绝，成年男性都无法躲避兵役。无数家庭被迫分离，生离死别的场景在草屋门前无数次上演。华宝幼年丧母，父亲应征远赴长安前，捧着幼子天真的脸庞承诺：“等我回来后，亲自给你束冠，办成人礼。”

在华宝的心里，这是父亲这辈子对他说的最后一个承诺，他用尽一生在等它兑现。无论过了多少年，哪怕他已经满脸皱纹，垂垂老矣，还是选择保留孩童的装扮，做一个等待父亲回家的孝子。朝廷被他的孝义精神所感动，南齐建元三年（481 年），齐高帝旌表门闾，将“孝子”额授予祠堂。“孝”这个华人精神世界中最重要的道德理念，成为一种做人的基准。在将近 1500 年的历史变迁中，这座祠堂屡被废弃又屡被复建，这背后的力量，是中国人对亲人永恒的眷恋之情。

天地之间白茫茫，祠堂前的泉井静静地守护着精神的世界。

这座祠堂引发了我的思考：从国家的层面来说，华宝的父亲保家卫国一生未归是忠，华宝穷尽一生等待他的父亲是孝。正因为朝廷看中了他们父子忠孝皆有，才破例赏赐了象征荣誉与道德标杆的匾额和建立祠堂的权利。从小家的层面来看：与华宝的行为相反，现代社会中，多少老人的晚年都是在等待孩子归来中度过的。和古人比，我们现在能为父母做的事情真是太少了，父母要的不是子女的愧疚，而是陪伴。俗话说，子欲养而亲不待，我们不该只在清明扫墓祭祖时才来彰显自己的孝心，平时多陪伴年迈的长辈，才不会有日后的遗憾。

晨曦打亮友人鼻梁上的金丝眼镜，他推了一下眼镜后和我说：“以孝道为主的家祠传承了家族的年轮，供奉国家英雄的祠堂也有令人动容的历史故事，无锡人供奉的是张巡与许远。”

我跟随他的脚步来到张中丞庙。走过“精忠贯日”的照壁，拾级而上，落叶铺满了石板路。门口的三足鼎中冒着氤氲的香烟，走过重重阒门，一座身穿将袍的威武将军雕像，双目炯炯有神地盯着我们看，有当年“战血模糊满铁衣，王龙三尺手犹挥”的风采。旁边依靠着一座文臣雕像。

他们是安史之乱中用生命保卫睢阳城的张巡和许远，“国士无双双国士，忠臣不二二忠臣”这副对联说的正是这两位。他们保家卫国，面对反贼誓死抵抗，对国家做到了忠诚。他们死后被奉为英烈供奉在祠堂，也向后代传送着爱国理念。故事发生在安史之乱时期，张巡和许远镇守的睢阳城背后是整个富饶的江淮地区，从米仓运出去的军粮是平定安史之乱最后的希望。唐玄宗天宝十四年，御史中丞张巡在没有任何援军的情况下，以七千人抵挡十万敌军，坚守孤城睢阳十个月，耗尽了粮草与武器，最艰难的时候吃树皮与老鼠充饥，还要全天十二时辰打起精神备战。最后张巡及部将五十余人牺牲，许远被叛军掳至洛阳，不屈而死。他们两位率领部下拖延和消耗了对方军队近一年，虽败犹荣。

大表哥对我招招手，只见他拨开矮花坛中的植被，一对铁制脚掌赫然出现在我眼前。“猜猜，这是派什么用的？”他神色狡黠地问我。

我连猜了几个答案他都摇头：“这里原为不抗击叛军、袖手旁观张巡等忠义之士战死疆场的，以节度使贺兰进明为首的地方大员们的铁像，因遭唾弃，屡建屡毁，惨状类似西湖边的秦桧像。因为多次重建太麻烦，后来地方官员便将铁人换成了铁脚，长期接受人们的践踏。

明朝王永积的《锡山景物略》中写道：“跪道左，游人暨妇女儿童竞取砖石掷之，破额洞胸，断手折足。岁一易，或再易，以为快。”

离开供奉悲情将军张巡的张中丞庙，我忽然觉得，我之前对祠堂群的理解太狭隘了。我知道在江南古村落里，老百姓会为自己的祖先设立祠堂，那是农耕社会的特有传统。事实上，它的立意不只是爱家族，还有爱国。以惠山最著名的钱武肃王祠（又称钱王祠）为例，这座祠堂是大名鼎鼎的吴越钱氏的无锡后裔祭礼吴越王钱镠的宗祠。

后梁龙德三年，钱镠被后梁册封为吴越国王，从而正式建立吴越国。吴越国北及苏州，南到福州，中心是杭州。平民出身的钱镠励精图治，成为乱世中的政治家。他以一己之力，撑起了江南钱姓的兴盛，也为江南的城市建设出了力——治水和建城。他修筑了杭州外围的海堤，疏通了西湖的水藻与淤泥，往太湖派了7000多个撩湖兵，疏通太湖。北宋搞统一时，他为了避免江南战乱，主动交出政权，使百姓免遭兵祸战乱，他的这一举动也为后来南宋建都杭州奠定了基础。

由于钱王在江南的地位实在太高，直到近代，无锡人在清明节依然必须等钱氏子孙完成祭奠祖先的仪式后，才可以陆续开启仪式。

每个望族都会有严格的家训，家训是家族的行为准则。钱家的家训分为四个部分，从个人、家庭、社会、国家这几个方面层层递进，格局越来越大："执法如山，守身如玉。爱民如子，去蠹如仇。严以驭役，宽以恤民。官肯著意一分，民受十分之惠；上能吃苦一点，民沾万点之恩。"因为祖训的立意高洁，光从无锡钱家就走出了钱伟长、钱锺书、钱穆等大名鼎鼎的人才，杭州钱氏培养出了钱学森等为国家做出贡献的名人，他们像一条脉络上延伸出的参天大树，遮阴蔽日，福泽一方。

惠山祠堂群

钱武肃王祠

祠

华孝子祠的泉井

华孝子祠

张中丞庙

游园

寄畅园之趣在风雅

别以为清明节参观祠堂的心情只有寻根追溯的庄重，也有游玩江南园林的轻快。惠山有许多祠堂是园林祠，穿过宗庙前厅，便能来到后花园。花园多为经典的园林布局：假山造景，亭台轩榭，青苔古桥，一样不缺。坐在抄手游廊小憩，看几尾红鲤在碧水中嬉游，扰得一池清波颤颤巍巍。清波被反射到黑檐下的白墙上，像一幅流动的画卷。

寄畅园是惠山名园。古镇外的京杭大运河从无锡惠山脚下蜿蜒流淌而过。宽阔的运河分流成狭窄的河道，逶迤流入古镇。刻满了岁月斑驳痕迹的石码头，不但吸引商贾富商前来做生意，也迎来了帝王将相的光临。清代康熙皇帝和乾隆皇帝在1684—1784的100年间，先后六下江南，每次必到惠山，他们朝山进香，在惠山寺礼佛，登上锡山，在二泉品茗，尤其钟情于寄畅园，前后18次游赏此园，乾隆还在北京清漪园（今颐和园）仿造寄畅园，即今天的谐趣园，留下皇家园林仿造私家园林的佳话。

由于原主人秦家在官场经历了几次沉浮，乾隆十一年，秦氏家族认为“惟是园亭究属游观之地，必须建立家祠，始可永垂不朽”，寄畅园自此结合了祠堂与园林的双重文化。

位于寄畅园中的八音涧是我心中魂牵梦萦的所在。它妙在风雅，趣在声响。

古代的园林是文人精神世界的栖息地。许多抱负未果的文人选择大隐隐于世。墙外是纷扰的世界，人坐在墙内面对这一方山水，将失落的心妥善安放，平和地安度余生。

园林中的文化世界包罗万象，诗词歌赋、阴阳之道、建筑美学等缺一不可。寄畅园第三代园主秦燿造园时引用大量典故，使这座园林洋溢着浓郁的文学气息。寄畅园的名字取自王羲之的诗“取欢仁智乐，寄畅山水阴。清泠涧下濑，历落松竹松”。山区引水入池的曲涧也效仿王羲之，山间桃花洞取自陶渊明的《桃花源记》，知鱼槛出自《庄子》的濠上之乐，卧云堂隐喻园主的东山之志，箕踞室效仿王维独坐啸傲，清响斋取自孟浩然的诗，先月榭取自白居易的诗，几乎所有景致皆有文学出处。明代万历二十七年的夏天，秦燿改建寄畅园竣工之时，请名士王穉登写了一篇《寄畅园记》，文中描述了这样一处胜景：“引悬淙之流，甃为曲涧，茂林在上，清泉在下，奇峰秀石，含雾出云，于焉修禊，于焉浮杯，使兰亭不能独胜。”可见此园的水景是多么灵动与美丽。

八音涧的八字为偶数，代表了《易经》中的阴，流淌的水也反映了阴阳中阴的哲学。走出这一条被假山与流水包围的曲径后，眼前的园林景色豁然开朗，迎面便是七星桥，七为奇数，意为阳，《易经》中的阴阳平衡在一方园林中得以圆满。

造园家设计八音涧的巧思在于视觉的风雅与听觉的完美结合，它的文脉能追溯到《诗经》。《硕人》中写道：“考槃在涧，硕人之宽。”涧，指山间流水处，硕人指高大而美好的人，更指品德高尚的人。硕人们的木屋坐落在山间，平日行走在山间流水处。由于内心平和高尚，所以他们在天远地宽的山林中自由自在，幸福快乐。八音涧入口的黄石粗犷，如刀削斧凿般石脉分明，重重叠叠。一条曲折幽静的小道看不到底，一旦进入，外界纷扰便纷纷消失，心就这么静了下来。第一个转弯处是一帘小瀑布，水打在石头上噼里啪啦。沿着小道蜿蜒前行，潺潺的泉水挤进了石涧，声音变得温柔，真想就这么坐在山泉旁冥想。再往前走，水流声变得极小，非得蹲下贴着几乎静止的水流才能感受到。闭上眼睛，虽然水声几乎不可闻，但远处的鸟鸣声反而越来越近，我像走进了森林，迎接着扑面的清新水汽。这样短而丰富的听觉旅程会随着古人智慧的设计变幻好几次，造园家通过假山与泉水不同的搭配组合，让人能听到“金、石、丝、竹、匏、土、革、木”八音之妙，真是令人拍案叫绝。

游园是古代文人清明时节最喜爱的活动之一。造园家将山林与流水搬入庭院中，又借景远处的锡山龙光塔，整个空间的格局被无限放大，颇有山野之趣。春日的寄畅园色彩斑斓，美不胜收。亭台楼阁伴随一方春水，山石、水泉、花木和建筑虽由人作却宛自天开。每一处转角都自带玄机，曲折又富有变化。

听着淅淅沥沥的小雨声喝茶，或者闭眼静坐在抄手长廊下，感受粉面海棠随风而舞，好不风雅。园林不但能看，还能游能住。我们去看江南的园林，要带着亲近之意去了解它。比如寄畅园原大门口的百年香樟树，用手去抚摸它的外皮，光滑的纹理是古树留给人的温暖印迹；园中众多的太湖石，有些叠石作峰体现山势险峻，有的曲线优美。后人将自己的想象赋予这些太湖石，俊秀的像美人簪花，造型拙朴的像蟾蜍。在造园家与文人的眼中，并不将它们比作特定的形象，而是一座座钟灵毓秀的孤山，太湖石中精巧的小石洞中蕴含着无穷的灵气，就如同传说中蓬莱仙岛的那些仙山一般令人心向往之。

泥捏蚕猫：惠山泥人传承，微光与持火把的人

我继续前行去寻找首批国家级非物质文化遗产——泥塑。惠山泥人的发明源自祠丁们的副业生计。旧时的祠堂不住人，平时靠祠丁看护。祠丁一般家境不济，闲暇之余只能捏泥菩萨出售，以贴补家用。惠山脚下，山泉的滋润柔软了山麓的土地，稻田深处能挖出韧性强、延展性好的黑泥，在祠丁们的巧手捏制下，它们变为一个个色彩鲜艳的泥偶或泥玩具，通过水上贸易带去各地，并为世人所喜爱与熟知。这门手艺，有记载的历史已有四百余年。当地的老人和我说，以前河塘两边的狭窄街道上摆满了放着惠山泥塑的地摊，它们是无锡最为著名的土特产。

张岱的《陶庵梦忆》中记载了明末惠山街市的热闹：“无锡去县北五里为铭山。进桥，店在左岸，店精雅，卖泉酒水坛……盆盎、泥人等货”。

吴地无锡，晚清以后每年春季，民间有祭蚕神请蚕猫的习俗。清明节前的潇潇春雨滋润着千亩桑林，田畴间的金色油菜花绽放着蓬勃的生命力。在温暖通风的蚕室内，一条条通体雪白又肥嘟嘟的蚕宝宝蠕动在铺满桑叶的竹匾上。勤劳的蚕农丝毫不敢怠慢娇贵难养的蚕，盼望着它

们能顺利吐丝成茧。今后纺丝织绸用的原材料都在这蚕室之中。

为了避免老鼠吃蚕，他们想出了“请蚕猫”的方法——将逼真的蚕猫泥塑放在蚕室以吓走老鼠。蚕猫的作用和稻田中的稻草人如出一辙。无锡惠山自古就有用黑泥捏成活灵活现的蚕猫的工艺。

在友人的引荐下，我有幸与惠山文化总监金石声先生一同拜访泥人工厂与博物馆。金先生可谓最了解惠山文化的江南文史专家，我第一次见到他的身影是在央视为惠山拍的祠堂文化纪录片中。

金先生颇为健谈，与我虽是第一次见面，却知无不言，言无不尽。他得知我对惠山泥人有兴趣，颇感意外：“来惠山找我的多是为了祠堂文化，你却找我去泥人厂？”

我回答：“惠山泥人是国家级非物质遗产，但我对它的了解还是小时候无锡亲戚来我家时送给我的泥塑蚕猫。如今我深觉这门艺术门道颇多，没了解够，我希望更深入地认识它。”

金先生带着我缓步下山，走过祠堂林立的秦园街，路过静静流淌的龙头河。金色的余晖一寸寸地穿过游客散去的茶馆。锡山北麓有一家开办了几十年的泥人厂，这一路，我怀着朝圣的心情无比期待地走着。

推开设计车间的大门，金先生熟络地和每个匠人打招呼，他认识这里所有的人——从国家级传人到学徒。每个负责设计的匠人桌前的案头上都放满了阴干完的泥坯，还没上色的泥坯看上去已经神态传神、活灵活现了。

他说：“最近工厂来了一批订单，是当下年轻人最喜欢的猫造型，也就你提到的蚕猫。”

眼前的几排蚕猫憨态可掬，上色的工序已经完成。蚕猫的颜色多变，眼前的它们有的白底黄纹——像一只小老虎，也有黑底红耳朵的，特别可爱。一位匠人在为猫咪安胡须。我一时没有看懂盒子中黄色的猫胡子是用什么材质做的，稻须？粉丝？

她笑话我猜不中，拿起一把被剪了的油漆刷："呐，就是这个，刷子上的毛！"

这我可真没想到。她拿起刷毛，轻轻插入后，一只只猫瞬间活络起来了，且每一只的长相都略有不同。这就是手艺的温度。

看完排列得整整齐齐的蚕猫，我停在另一位老匠人赵师傅的桌前，问他："您现在在捏什么造型啊？"

"我在给一座戏曲人物的泥塑上彩。"赵师傅手持一支细长的毛笔，轻柔地为一座戏曲泥塑上色。直到细细描完泥人的袖管，才抬起头回答我。古时描绘泥塑的颜料都来自矿石：绿是石绿、赤是朱砂、黄是雌黄。这些来自自然界的颜色经久不褪，能长期留在泥塑上。笔尖流转，人物的眉眼、须发、衣襟、武器都"活"了起来。我之前粗浅地以为惠山泥人的配色全是大红配大绿般的简单明艳，而在赵师傅的手中，恰如其分的高雅配色极大程度地还原了戏剧中人物的性格特征。

"赵师傅，我之前看到的惠山泥塑都是憨态可掬的蚕猫或大阿福（源自沙孩儿传说的一男一女幼童形象），第一次见到如此精细的泥塑，哪个题材才是主流啊？"我好奇地询问。

"蚕猫和大阿福娃娃是这个产业通俗化的一张名片，但泥人可远没有那么简单。"赵师傅推了下眼镜，耐心地给我介绍："我们的泥人分为模印泥人（大阿福、三胖子等）和手捏泥人。手捏泥人又称细活，是我们匠人取阴干的黑泥，用双手创造原胚，再上色，世代传承下来的手艺。以前是送往京城的贡品。”我看着眼前堪比工艺品般精美的一座座泥人，想到如今在年轻人中流行的塑料玩偶都远不如惠山泥人做工精湛。传了几代的匠人们用双手赋予泥土形与魂，劳作与巧思赋予了它们不朽的生命。

“您做这行几年了？”我好奇地问道。

“我十五岁被师父带进这一行，捏泥巴捏了四十多年了。”他略做休息，拿起保温杯，喝了口茶。

我忽然意识到，眼前还算不上苍老的匠人，为泥人已经奉献了大半辈子了！我追问：“您这四十多年来，遇到最大的困难是什么？”

“好的日子也有，坏的日子也有。惠山泥人卖得好的时候，订单多得做都做不完，现在虽说被列为国家级非物质文化遗产，但连老古法里惠山脚下的黑泥也找不到了。我们要去比无锡更远的水稻田里找黑泥，但也没有原先的质量好了。”他的眼神中带着对过去的怀念，意味不明的气氛在我俩的谈话中发酵。是对过去盛况的怀念，也是对将来泥人前途的担忧。“希望房地产开发的时候，挖土时把黑泥都存起来，我们取用也就方便多了。”

“您的师父带您入门，您有几个徒弟呢？”我问出了我一直不敢问的问题，我们有那么多传统文化，可年轻的传人在哪里呢？

他苦笑一下：“你这个问题我怎么回答呢？我能说连我的儿子也不愿意做这行吗？一个行业要维系，一定是需要自给自足的养分的，没有养分，缺乏优秀的后人，靠我们老一辈能撑多久？”

我抬头看金先生，他似乎对这个答案并不意外。我看着赵师傅案头上那么多精美的素坯，自以为是地相信总有办法的。

离开泥人厂，金先生带我去隔壁的泥人博物馆，也不多闲逛，直接把我带到了一排戏剧泥人旁，让我盲猜哪几座泥人是老古董，哪几座是现代大师捏的。我迷迷糊糊地仔细分辨，果然当几座泥人同时摆在眼前时，明显能看到古代的匠人手法细腻，笔法举重若轻，淡淡几笔，人物表情便栩栩如生。

“这些清朝的匠人，连名字都没有留下，但你看，他们的艺术留下了。我不敢说泥人文化还能存续多少年，有时候传统文化脱离了时代背景和生活习惯，真的很难恢复当年的风采。”

我听着金先生的话语，私心并不想在愁思中结束我们的谈话：“每个传统文化都有它的生命周期，我相信好的传统文化还是在生活中传播着，而不是在博物馆如标本般供人参观。如果能有更多人愿意去分享关于这些文化的知识与故事，它们的生命就能更久一点。就如这里的祠堂，几近衰败，现在又成气候了。”

中国人的文化肌理一定是可以被触碰的，而我们保护文化遗产的意识在这些年也越发强烈。这一切不都还有希望吗？！

光阴荏苒，山水依旧。我离开前，看着惠山脚下“人杰地灵”的牌坊。它曾经也被破坏得几乎看不出原型。当人们决定重建它时，老百姓从河道里、田野间、自己家中一块块地拼凑起老石板、老石碑。一位老人将乾隆年间的手迹古碑文藏在自家只有三十多平方米的房子里四十余载，古碑文在老人的保护下完好无损并重见天日。

我耳边总是想起这些质朴的人的话语：

“我入了这行，就只能干到底了。”（泥人匠人赵师傅）

“我为何要研究这门文化到老？因为我离开惠山什么都不是。”（文史专家金老师）

人类在历史长河中那么的渺小，但总有一些人愿意手持火把，为历史与文明开启微光并照亮天空。这就是人文的力量吧！

“意山街，五里长，一枝桃花隔枝柳，红男绿女满街逛，踏花归来鞋底香。”我脑海中的歌谣赞颂着这片人杰地灵的土地，它就如本地特产的桂花酒一样越品越香，令人回味。

惠山戏剧泥人

惠山蚕猫泥塑

惠山蚕猫泥塑

寄畅园

八音洞

风物

插柳：虽小坊幽曲，亦青青可爱

我是绵山上的一棵柳树，我的祖先见证了一场大火。春秋时，一个叫介子推的人带着母亲隐居在绵山。暮晚的微风夹带着山中潮湿的气息，吹动着他的衣袂，他在旧梦中回到了陪主公重耳逃亡的日子。十九年间，每日风餐露宿，饥寒交迫，最艰难的时候，他眼睛一闭，咬紧牙将腿上的肉割了一块，与采摘来的野菜同煮成汤给主公喝。

重耳落难之时，介子推如此肝脑涂地奉献，重耳后来成了一国之主晋文公，他倒自愿做一名不食君禄的隐士。后来晋文公终于想起了他，来到绵山请他回去。只是这座山绵延数十里，林峦蜿蜒，连我们柳树的飞絮被风吹散了都各自扎根，此生不见，更别提要找到一个人了。

那天，山中起了大火，燃烧了整整三天，天都被烧红了。晋文公为了逼隐居的介子推出山，竟然选择三面烧山。介子推带着老母亲，抱着一棵老柳树，下定决心不再回到那个复杂的朝廷。我的祖先被烧成了枯木，他们也死了。

还好，我们柳树有顽强的生命力，飘扬入土的飞絮让我们再次发芽、新生。这个故事在我们之间传播了多年。据说当晋文公找到介子推的尸体时，在柳树树洞中找到一片残缺的衣襟，上面题了一首血诗：“割肉奉君尽丹心，但愿主公常清明。柳下做鬼终不见，强似伴君作谏臣。倘若主公心有我，忆我之时常自省。臣在九泉心无愧，勤政清明复清明。”

“臣在九泉心无愧，勤政清明复清明”是那位故去的隐士留给君王最后的话。

晋文公后来很善待我们柳树。某年他领着群臣，素服徒步登山祭奠。行至介子推坟前，看到我们那棵被烧死的祖先被春风吹得醒了过来，抽出了新芽。晋文公仿佛又看见了介子推一样。他含着敬意地走到跟前，珍爱地折下一枝，编了一个圈儿戴在头上。民间开始在清明时流行起在檐下插杨柳、头带细柳圈的习俗。

风华正茂的女子爱慕我们柳树顽强的生命力，喜欢春日里在云鬓边斜插一枝柳，她们深信如此能红颜不老。意气风发的官员将传火的柳条插于门前，炫耀于人。家家户户用面粉做嵌有枣子的馒头，并做成飞燕状，然后用柳条串起，插在门楣上，名为“子推燕”。

我们柳树终于走出山川与河流，化身为无数个小分身扎根在繁华都郡的湖堤畔。对了，文成公主从长安离开时，还带走了一棵嫩柳种在了拉萨的土地上。

《武林旧事》

清明前三日为寒食节，都城人家，皆插柳满檐，虽小坊幽曲，亦青青可爱，大家则加枣錮于柳上，然多取之湖堤。

柳树

si
四
yue
月
寒
si
四
ri
日
liu
六
ri
日

美食

清明果：请一簇青色上桌

四月，粼粼春波中，游鱼时隐时现，街道两边被柔嫩的青绿色包围。青绿象征着春的勃勃生机，这一抹喜人的青绿色被厨师们请上了春季的餐桌。有人叫它清明果，还有人叫它青团或者清明蒿子粑。

青团始于宋朝，是寒食节诸多糕点之一，它色如碧玉，面皮软糯。古时在完全不能开火烧菜的寒食节，从筐箩中拿起青翠碧绿的团子，吃一口香香糯糯的清明果，也算是对味蕾的一种安慰吧！

做青团的绿汁通常用鼠鞠草、艾草或浆麦草榨成，每年立春到清明，这些绿草鲜嫩多汁，风味俱佳。厨师黏满面团的手充满草木清香的味道，将绿草洗净、浸泡，捞出捣烂后榨出草汁。点浆是重要的一环，就是在草汁中加入适量的石灰水。草汁经过点浆后和糯米粉拌匀揉和，面团就不会变硬和褪色。最后，包入馅料，放进笼屉蒸熟。无论是鼠鞠草做成的明澈的淡绿色糕团，还是艾草做成的浓郁的深绿色清明果，都用自己独特的植物香气为清明节增添了一道经典的美食。

与许多节日糕点一样，在地大物博的中国，青团的馅料分甜、咸两种口味。爱吃咸口的人包入雪菜、冬笋、咸肉、豆腐干等，也有包成饺子造型的。食甜的人包入芝麻、桂花糖、豆沙馅，压成圆模蒸熟，则为甜清明果。江南的青团馅料以甜味为主，精选赤豆、洁白又厚实的猪板油和红糖一起翻炒几个小时，火候一定要正好，既有香气又不发苦。青团又糯又有韧性，青汁的淡淡苦涩与内馅的甜腻相辅相成，留有余味，正如清明期间的味道，有苦也有甜。

《七修类稿》

古人寒食，采桐杨叶，染饭青色以祭，资阳气也。今变而为青白团子，乃此义也。

清明果

清明果

第四章

岁月欢

泼水节

po shui jie

傣族的幽幽碧水情

为水而生的「楞贺尚罕」

在西双版纳曼远村的寨心广场的戏台上，能歌善舞的村民正在紧锣密鼓地排练一出舞剧。每年泼水节的第一天，这支舞都会在庆典仪式上演出。

女主角身穿孔雀纹白纱裹裙，金线织成的羽毛随着脚尖的旋转如金塔上展翅而飞的白孔雀。序曲舞罢，她安逸地对着河面梳弄一头如缎长发。音乐声忽然变得诡异、紧张，身披铠甲的魔王大摇大摆地率领几个小兵，一把拽住她的长发将她强娶回宫。挣脱、逃跑、拉扯、被掠，舞者们用一系列的肢体语言交代女主被绑架作为魔王的第七位妻子的经过，观众们看得心都揪了起来。

冷寂的王宫中，四周一片寂暗。乌蒙的岩壁上，偶尔传来蝙蝠零落的夜啼。六位女子垂面而泣，凄凉的歌声宛如一缕缕荡漾在细雨中的游丝。当第七位被强迫进门的女子到来时，大家互相依偎，悄语魔王无意中透露的秘密：貌似拥有不死之身的他有一个弱点——魔王的头发丝能勒断他自己的脖子。

转眼到了傣历六月中旬，魔王为贺傣年，在宫中饮酒作乐。女子在王宫中翩翩起舞，不停敬酒。为了灌醉魔王，她咬着牙连跳敬酒舞三天三夜不停歇，白色的羽毛裙摆被磨伤的双脚的血渍染成了红色。魔王终于支撑不住，醉倒了。女子呼唤来其他六名女子，果敢地拔下魔王的一根头发勒在了魔王的脖子上。魔王的头立刻就断到了地上，断首滴下的血幻化成了火焰，一团团熊熊燃烧，并且迅速往魔宫外的村落蔓延。

女子大义凛然地一把抱起断首，别处的火焰灭了，她自己却被红色的火舌吞噬。她的眼神在烈火中散发的悲壮与英勇令人动容，不寻常的光华萦绕在她周围。其他六名女子与纷纷赶来的村民们，一起向她泼水，她沐浴在来自四面八方的水柱中。

终于，火，被浇灭了，血，被冲刷了。

百姓们记住了这位为民除害的女子的名字——婻粽布，并将这个故事流传了下来。由于水的洁净与吉祥浇灭了邪恶的火焰，所以傣族的六月新年又叫泼水节。

这出经典的民间舞剧演绎了一段关于泼水节来历的传说，背后是傣族人敬重水、依恋水的深厚情感，点出了这个民族与水的深远渊源。

泼水节的日期并不固定，以节气作为参照的话，介于“清明”和“谷雨”之间。在云南西双版纳地区，时间为每年 4 月 13 日至 15 日，延续三日。第一天傣语叫“宛多尚罕”，意义与除夕相似；中间一天是年岁的过渡；最末一天叫“宛叭宛玛”，意为“日子之王到来之日”，相当于元旦。

从原始的宗教溯源角度来看，古时泼水节与浴佛节同出一脉，起源于印度，后随南传佛教传播路线，经由缅甸、泰国和老挝等东南亚国家传入我国。时至今日，仍然能见到在节日清晨人们将挂满晶莹露水的凤凰花供奉在佛寺，担来澄澈的清水为佛像洗尘祈福。

泼水节的另一个意义是稻子耕种的节点。傣家人是最早种植水稻的民族之一，有“稻作民族”之称。古老悠久的稻作文明带来了务实的经验之谈。当地人会在泼水节前加紧完成整地犁田、播撒稻种的工作。节后开始插秧。从四月中旬开始，“手把青秧插满田，低头便见水中天”的情景在西双版纳的村落中变成了一幅真实的农作画面。

今年泼水节，我走进了美丽的西双版纳，走进了风情万种的傣乡，领略了一场传统泼水节的神秘魅力。

泼水节后的稻田

水

傣族泼水节盛况

傣族寺庙

傣族村落

节日味道

酸辣香浓且食花

岩温罕在昆明开了一家普洱茶店，泼水节前返回曼远村与家人团聚，我们相约去他家做客过节。清晨，婆娑纤细的凤尾竹丛中隐现着一栋别致玲珑的吊脚竹楼。篱笆墙内色彩热烈的炮仗花与幽香怡人的鸡蛋花随风摇曳，杧果树、波罗蜜树亭亭如盖。竹楼由几十根粗壮的柱子支撑起屋子，房顶是帐篷般宽大的草排屋顶，远远望去就像一只金鸡独立的凤凰。底层约两米高，四面无墙，堆放着农具、一台织布机与一只粗麻编成的吊床，几只雄赳赳的公鸡在里面时走时停。

岩温罕朝着二楼窗户叫了一声：“小妹，哥哥与客人到咯。”

咿呀一声，竹窗被推开。一张娟秀的小脸从二楼的窗户中探出来，“来啦！”小妹袅袅婷婷地赤足从倾斜的楼梯走下。她长发挽髻，发间斜插一把银梳，上身穿了一件粉色无领的襟衫，下身裹着一条金粉色裹裙，不堪一握的小蛮腰上系了一条精致的银腰带。

小妹的名字叫玉依香。傣族人们的名字很有意思：没有代表家族的特有姓氏，男子都姓岩，让人联想到坚韧与勇敢；女子都姓玉，一听就让人觉得含蓄、高洁。玉依香笑靥如花地请我们去楼上堂屋坐："我在小蔑桌上备了茶水和粑粑，你们先休息下，我去采些石梓花做泼水节吃的毫诺索。"

我对傣家人善用鲜花入馔早有耳闻，好奇地想要一同去找寻毫诺索食材。丽日高升，风和景明，我们提着竹篮子走在铺满花瓣与落叶的小道上。玉依香看到前方有一棵高大的乔木，满树金花。她走上前去抱着大树摇晃，朵朵石梓花像蝴蝶般飘落，坠向大地。我俩捡了满满两篮子才作罢。

回程路上，她又抱了两捧芭蕉叶："芭蕉叶包点心是最好不过了，它长得快，一周后又能摘了。咦，这边还有几片象耳朵叶没被摘走，这个好难找的，正好碰到，我也带走。"

我知道芭蕉叶裹菜在西双版纳很常见，但不知这个被她叫作象耳朵叶的植物有什么妙用。她笑着回答："它和芭蕉叶包在一起能提升毫诺索的风味，可惜这种叶子不太好找，谁能吃到就是幸运儿咯。"

回到家，玉依香在院中先晒干石梓花，然后坐在小矮凳上细细研磨。随着"笃笃笃"声传来，花瓣变为粉末。她又将红糖切细，芝麻焙香，花生去皮舂成泥。随后一同加水加油兑入黑糯米粉，再撒上一把白糖，几番揉捏后，类似于汉族年糕的香甜糯米块便成型了。送上蒸笼前，玉依香把芭蕉叶洗净烫软切成方块，用两层芭蕉叶放入糯米团包成方扁形的小包。别看垒叠在蒸笼中的毫诺索看似一模一样，但其中有几个还有一层内衬——限量的象耳朵叶。

一缕缕青烟从蒸笼缝隙中冒出，毫诺索变得湿润又清香。"我们的家乡也有许多糯米蒸糕，但是很少直接加鲜花融入糯米粉，为何傣家人要加入石梓花？”我好奇地问。

“我们的很多食物都会加鲜花进去。祖辈口口相传把食谱教给了我们，我们就一直这么延续着做菜。做完发现，蒸出来的毫诺索吃起来的确别有一番鲜花的香甜滋味。还有一个重要的原因：石梓花能够保持食物的新鲜度，比如我们早上蒸的这一笼毫诺索，整个泼水节只要想吃，拿起就能吃，不会变质。”

“还有其他与花为伴的美食吗？”

“还有一种用密蒙花制成的黄色糯米饭——毫楞。”玉依香打开了话匣子：“听说无意中发现这种花能吃的是一个年轻主妇。有户人家的院子里长有一棵高达两丈的密蒙花树，一夜大风，淡黄色的密蒙花随风飘落进了米罐中。第二天，主妇把米放在木甑中蒸熟。米饭熟了后，她揭开盖子时惊呆了，米香伴随着浓郁的花香扑面而来，平时的白糯米饭变成了黄糯米饭。家里人吃了后，个个都说味道好极了。这件事一传十，十传百，当地人便都用密蒙花泡米蒸制糯米饭。现在我们会特地风干密蒙花作为染饭花，在节日或者招待客人时加些进去蒸饭。”

听完玉依香的描述，我发自内心地感慨，这个民族太会把自然界中的各种植物与糯稻相结合创造特色美食了。食花是一种方式，邀竹同烹是另一种方式。

糯米配竹子，成就了一筒清香扑鼻的糯稻香竹饭。终年绿意盎然的西双版纳盛产竹子，当每年秋季香竹成长得高大挺拔时，吃香竹米饭的好时机便到了。村民走进竹林收割竹节足够长的香竹，将香竹从有节的地方断开，每段都保留一个竹节作为筒底，竹段的内壁都有一层薄薄的香竹膜，这是香竹饭的美味密码，竹子的香气就源自它。

淘好的糯米被塞进竹筒里，加入适量的山泉水浸泡大半日，让它随着时间的增加变得香糯绵软。中火炙烤前用芭蕉叶封住香竹筒口，听着噼里啪啦的火苗爆炭声，闻着越发香浓的自然气息，待竹皮烧焦，筒口冒出蒸汽，10 分钟左右，火候便到了。最后一步是用木棒将竹筒捶软，捶得越软越好吃。

锋利的餐刀划过炙烤后脆干的竹筒，柔软焦黄的糯米迎着刀刃绽开在我们眼前。扑鼻的竹子的清香和炭火烘烤的焦香让人食指大动。曼远村的村民从不独享这道美食，它可是节日待客时菜单上必有的主食。

除了喷香的毫诺索、毫楞与香竹饭，一些风味独特的节日傣菜同样具有异域风情。一道赶摆黄焖鸡兼具美食与社交的双重意义。村民把鸡头、鸡翅膀、鸡胸脯、大腿、脚杆等分块切好，用洗净的鸡肠子把鸡脚杆裹住，配上油、盐、辣椒、葱、蒜、番茄等佐料，放在炒锅里焖，待焖熟后再撒上一把切好的香茅草，锅里瞬间散发出令人垂涎欲滴的香味。

赶摆在傣文中的意思是参加热闹的集会。每当傣历新年或其他节日到来的时候，姑娘们把黄焖鸡肉装在一个铺着芭蕉叶的竹篾篮子里带到集市上去卖，并随身带去两个小凳子，一个自己坐，另一个留给自己喜欢的人坐。至于哪位少年郎通过买鸡肉获得了姑娘的芳心，有机会坐在她身旁一起卖鸡肉，便全凭缘分了。每当岩温罕开玩笑地问玉依香谁在赶摆时要求坐在她身边一起卖鸡肉时，依香总是一脸娇羞地回答："大哥又在瞎说什么。"

泼水节的味道不仅有酸辣香浓的傣族美食，还有各种浪漫氛围堆砌出的色、香、味盛宴。

竹筒饭

插着蜡条的毫诺索

毫诺索

傣族吊脚楼

毫楞

si 四
yue 月
水
shi 十
san 三
shi 十
wu 五

舞乐

孔雀舞与象脚鼓

午饭后，玉依香提起两只平铺着毫诺索的草编篮子，向村落的另一头走去。

在她心里，有个梦想还没有实现。村里每年在泼水节前都会举行十二取水少女的选拔活动。泼水节前两天的决赛现场，广场上充满了优美动听的旋律，围满了前来看热闹的观众。村里的适龄少女都会身着傣族传统服饰展现才艺。获胜的十二位少女能代表村民去受人敬仰的老井为大家取来代表吉祥意义的清水。

玉依香前两年在决赛时都表演了现代孔雀舞。尽管她柔软的身体与娴熟的技巧能勾勒出傣舞标准的三道弯（第一道弯从立起的脚掌到弯曲的膝部，第二道弯从膝部到胯部，第三道弯从胯部到倾斜的上身，让身体呈现S型的曲线），但能歌善舞是傣族姑娘的基因，太多婀娜多姿的“孔雀姑娘”能更好地诠释杨丽萍老师创作的现代孔雀舞跳法，因此玉依香在前两年的比赛中皆遗憾地落选取水少女。今年她决定放弃跳现代形式的孔雀舞，改跳从小学习的传统孔雀舞。

她先去拜访她的舞蹈老师，老师年轻时是村里的职业孔雀舞者，经常受邀请去邻国表演，年纪五十开外，虽然身材不再苗条，但一把柔术功底与舞蹈爆发力在村里还是无人能比的。此刻他正摇着蒲扇，坐在摇椅上听玉依香的想法，甚为高兴地说："在竞选中表演传统孔雀舞挺好的，如今能将它跳得好的人也不多了。现代孔雀舞只有一套轻盈灵动的舞衣，传统孔雀舞可是有一套重型装备的。现在我就让大家看看一千多年前，傣族领袖召麻栗杰数模仿孔雀的优美姿态而创造的原始舞姿。"

他起身与依香一起走进竹脚楼底层的仓库，库中堆满了用竹木扎制的衬架。衬架远看像一只小船：中间镂空，船尾是高高翘起的孔雀羽毛。舞者挎架起衬架，站在中空处，用结实的布绳将衬架固定在身体上，仿若穿了一身孔雀战袍。衬架表面糊了一层由金色、紫色、绿色等具有孔雀色彩元素组成的亮布，并饰以彩丝、亮珠与须穗。

玉依香吃力地背起孔雀架子，老师取来一条两头微翘的红金色披肩为她披上，又戴上镶嵌着珠宝的宝冠，看上去像一只华美的孔雀公主。

"试试看重不重，还能舞吗？"

尽管道具与服饰加起来重达几公斤，但热爱舞蹈的玉依香丝毫不惧。她摆了一个漂亮的起式，灵动的双臂模仿孔雀晒翅、展翅、开屏、飞翔等动作。老师点头表示还不错，说道："你这两天得空就过来穿这身衣服练习，我后天在决赛时会扮演男角和你一起完成舞蹈。你现在还缺一个优秀的象脚鼓手为你伴奏，再去找一个人来帮忙吧。"

现代孔雀舞有配乐，传统的孔雀舞没有音乐旋律的伴奏。伴奏乐器仅有象脚鼓、锣、钹等打击乐器，其中象脚鼓是灵魂。象脚鼓的鼓点异常丰富，音响变化万千，一位好的鼓手能打出节奏激昂、激动人心的鼓点，还能通过固定的鼓点伴奏引导舞者做出更多的专业动作。

玉依香卸下道具，留了一篮毫诺索，谢过老师后出发找人助攻。

澄湛得像蓝琉璃一样的天空中拖着一条条雀羽般轻盈的云影。泉水叮咚伴随鸟儿唧唧啾啾的叫声从竹林中传来。一座竹楼被奇花异草包围，像世外桃源。竹楼后方的溪水中，浸泡着数段被大石块压着的杧果树木头，它们在水中已有一年有余。只有在溪水中沐浴多年的木材，才不易发霉发蛀，并且能击打出精确的音准。小院中堆放着不少形同象脚的木料。一位穿着白色衣裤的青年男子正在制鼓，他上身穿对襟小袖衫，下身穿窄脚长裤，头缠白布巾，腰系青布带，赤脚固定住一只内部中空的象脚鼓半成品，用榔头敲击凿子在鼓身外侧雕刻花纹。

他看到玉依香笑盈盈地倚在篱笆门口，停下手中活计说："依香，你怎么来了？是不是因为泼水节到了，给我带毫诺索了？"

玉依香洁白的脸庞上显出一团酡红："鹏哥，毫诺索我是给你带了，吃了它，你又要长一岁咯！还有一件事情，要请你帮忙。"她徐徐将邀请他作象脚鼓伴奏鼓手的事情说了一遍。

鹏哥一边嘴上说着，"一篮子毫诺索就想收买我。"一边在竖着几只已经绑好绷带的成品象脚鼓区域敲打挑选。鼓的上端是杯形共鸣体，鼓面蒙皮，鼓皮四周用细牛皮条勒紧，拴系于鼓腔下部。象脚鼓分为大、中、小三种。大鼓最高接近两米，多为寺庙祈福时使用。中鼓用途最广，能够斜背，常在跳象脚鼓舞与节日庆祝时用。他用拳头击打中鼓鼓面，头倾斜着，用耳朵仔细聆听每一面鼓发出的声音。牛皮鼓面发出的声音雄壮、浑厚，羊皮鼓发出的声音清脆、昂扬。最后他选定了一只刷着黑红色漆面、羊皮鼓面的中型鼓。

“那我们就一起去排练吧，如果你被选中做取水少女，记得经常给我带毫诺索吃。”

依香温柔的眼波中能捧出一汪秋水，道谢后，放下一篮毫诺索扭身离开。鹏哥搓了搓手，刚掰开包裹着糯米团的芭蕉叶，另一层象鼻子叶赫然出现，植物香气馥郁。他看了眼依香远去的背影，咬了口毫诺索，笑得比加了象鼻子叶的毫诺索还要清甜。

转眼到了十二取水少女决赛选拔日。村里的姑娘们盛装打扮，使出各家绝活来竞选。有人用一只葫芦丝吹奏出幽攸抑扬的《月光下的凤尾竹》；有人穿着一身轻薄的金色舞裙跳轻灵曼秀的《金孔雀》。一排评委在台下坐着，竞争场面异常激烈。

轮到玉依香上场了。“咚、咚、咚！”鹏哥斜背一只长约一米的象脚鼓，将鼓带挎于肩上，鼓身斜置于左侧胯部，鼓面朝前而高，鼓尾朝后着地，重心落在右脚上。他神色凝重，左脚微弯、足尖着地，不停大跳变换舞姿。左手扶鼓框边缘，食指、中指、无名指、小指轮番上场和右手配合交替拍击鼓面。他时而握拳重捶，时而轻轻掌拍。随着敲打轻重与姿势的变化，鼓点时轻时重，声响或闷或脆，发出不同的音色和复杂的节奏。

玉依香头顶宝塔金冠，身着华丽的孔雀竹衣，化身古时勐董板孔雀国的七公主喃木诺娜。她与其他六只孔雀姐妹从天空轻盈地飞往湖边，刚落地就褪去孔雀氅变成了七位美丽动人的姑娘，她们走进湖中游泳嬉戏。正巧在此打猎的勐板加国的王子召树屯被湖中美丽的喃木诺娜深深吸引。他听从猎人朋友的建议，为了留下七公主，将她的孔雀氅藏了起来。

洗完澡后的孔雀公主们纷纷飞走，只剩下喃木诺娜一人时，召树屯捧着孔雀氅走了出来。两人含情脉脉地对视。象脚鼓的鼓点声变得明快喜悦，玉依香与老师轻盈地对舞，再现了召树屯与喃木诺娜的一见钟情。在众人的祝福下，两人成婚。

鼓点声渐渐沉重，代表战事来临。邻近的部落挑起了战争，新郎召树屯带领军队出发，留下的喃木诺娜与老国王守在勐板加国。玉依香扮演的孔雀公主此刻焦急忧伤，被节节败退的消息扰得心神不宁。偏在此时，秃鹰变的国师向她泼脏水，指认她是妖鸟幻化，为国家带来了灾难和不幸，理应处死。

哀伤、愤怒的节奏萦绕在舞中，在喃木诺娜即将被烧死的前一刻，她的脸上充满了对召树屯的不舍与对现实的无奈。作为临终前的最后一个要求，她向老国王要来孔雀氅跳最后一支舞。孔雀竹衣在照日下浮动出灿烂的金光，柔美的舞姿是她留在人间最后的眷恋。随着玉依香优雅地翩翩起舞，她扮演的喃木诺娜渐渐化为孔雀，凌空远去了。

不久后，传来了召树屯大军得胜的消息，原来之前的落败是诱敌深入的计策。在胜利归来的路上，召树屯着急地寻找妻子的踪影，得知她变为孔雀高飞的消息后，发誓将她找回。怀着对妻子矢志不渝的爱，他克服重重阻碍，经历了漫长而艰辛的路途来到孔雀国。孔雀国的国王为了考验王子，让七个女儿头顶蜡烛，站到纱帐后面，让召树屯找出他的妻子，并用箭射灭烛火。召树屯凭着对妻子深切的思念，用黄金箭射灭了喃木诺娜头顶的烛火，终于与七公主重逢。他们含泪相拥，发誓从此永不分离。

舞蹈的结尾，恶毒的国师得到了惩罚，人间再次充满了爱与和平。鹏哥的象脚鼓随着整段舞蹈的情绪动作而变化。玉依香与老师两人身披竹衣，随鼓而舞，将自身的情感与孔雀的形态高度结合，跳出了一支感动了在场所有人的传统孔雀舞。

夕阳西下时，红日低低地停在弯弯的凤尾竹梢上，丹霞像织女编织的火红绸缎挂在天边。取水少女的竞选结果出来了，玉依香在老师和鹏哥的帮助下，凭借情感充沛的舞蹈入选了十二取水少女。

传统孔雀舞

象脚鼓

习俗

袅袅少女来取水

四月十五日，玉依香一早起床对镜梳妆。绸缎面料的对襟窄袖衫透出优雅娴静，长及脚踝的净色筒裙将她流风回雪的身姿完美体现。取水少女的鬓旁都需要簪花，她将一头黑亮的头发盘成螺状，拿起早晨采摘的一串长长的缅桂花挂在发髻右侧。这套正统的节日服饰为庆典增添了一份明媚的色彩。

她下楼后肩挑一根绑着鲜花的扁担，扁担两头各挂着一只盛水的陶罐，前往古井与其他十一位少女和老波涛（对年长的傣族男性的尊称）会合。傣家人对井水非常爱护与尊重，将它视为生命之源。曼远村的古井掩映在葱茏的榕树丛中，上方建有石头井房。井房外侧雕刻着石龙装饰。古井周边，处处黄姜花开，榕须拂动。

取水仪式正式开始。老波涛手捧草编托盘，里面放着糯米饭、蜡条与鲜花，面向井房跪地，用傣语咏颂长诗。十二位少女两人一排，虔诚地跪在地上，双手合十听老人诵辞。一派祥和、庄严的氛围弥漫在水井周围。老波涛拜完古井后，第一位少女站起来，用长长的竹勺伸入井中取出甘洌清澈的地下水，将它倒入半跪在她对面的少女的陶罐中。如此反复，直到十二位少女都顺利取到水。

她们起身庄严地挑起水罐，来到庆典中心的广场，倒入仪式台上的金钵中。随后，身披橙色袈裟的僧侣们为“吉祥水”诵经祈福，祈愿国家昌盛、百姓平安。祈福仪式后，金钵被送入寺庙，由佛爷和小沙弥接手，以劈成一半的竹竿为引水槽，用涓涓清水一一冲洗放置在竹篾桌上的佛像。

取水少女们又送来一担担清澈的“吉祥水”倒入金钵。这钵水是为百姓而设，寓意健康快乐。村民们虔诚祈福，将对传统的坚守、对生命的礼赞与对幸福生活的憧憬都寄托在水中，人与水的和谐关系在此升华。这钵水也是仪式后大家互相泼水的水源之一。“水花放，傣家狂”，每当人们在节日时热烈地互相泼水时，何尝不是将心底最美好的愿望泼给对方。愿天下不再有一寸干涸的土壤，愿人间不再有不能战胜的疾病。

中国人的文化精神与水不可分割。滚滚黄河象征着华夏儿女的英雄气概，纵有万丈狂澜，我们也从不畏惧。长江如练，淘尽千古风流人物，也孕育了钟灵毓秀的文明。不止傣家人敬水、恋水，中华大地上的每个儿女都该无比珍惜水带给我们的一切。

庄重的取水仪式结束了，一场关于水的狂欢才真正开始。男人扛着插有彩旗的高升发射架，走向河边、田坝中，对着天空燃放起一发发高升。随着它们冲向皓空，人们纷纷欢呼。高升作为泼水节的地道风物，承载着农家对五谷丰登的渴望。

村子中到处是盛满水的大缸。男男女女、老老少少都激情洋溢地向路过的人泼水，每个人的身上都是湿漉漉的，像刚从水里捞出来一样，脸上却都挂着掩饰不住的笑意，口中不停呼喊着“水！水！水！”。随着泼水的动作，水珠在天空中划出一道道优美的弧度，如彩虹般散开，像极了清晨的甘露。庆典中的象脚鼓声如春日的滚滚雷声，为远处的稻田带来丰收的华彩乐章。

男女老少自发聚集，随着鼓、铓、镲的节奏，右手持扇于胸前，另一只手动翻腕和内曲，跳起“依拉贺”自娱性舞蹈。一些青年男女呼朋唤友地走到绿草如茵的空地，壮胆对着心仪的异性丢包传情。鹏哥将象脚鼓放在脚边，倚靠着一棵参天的菩提树，默默看着朋友们玩丢包。

玉依香碎步走来，濡湿的刘海垮垮地耷拉在额头上，睫毛上挂满晶莹的水滴。她问道：“鹏哥，你怎么不去玩端麻管（傣语，指丢包传情的活动）？没人对你丢花包吗？”

鹏哥对着她笑而不语。“啪”一只四角缀有五彩花穗的花包飞入了鹏哥的怀里，花包的主人正是眼前的依香。依香不甚娇羞，掩面转头就走。“哎呀！”她发出一声惊呼，好像被什么东西砸中了。回头一看，自己的花包被鹏哥丢了回来。鹏哥目光灼灼，如星辰闪耀，向她伸手示意同坐，依香扑哧笑了一声，大大方方地回来与鹏哥一同倚靠在树下。

村子起风了，菩提树掉落的青色叶子上下盘旋，如传播花蜜的蝴蝶一样贴近他们又飞走。新一年的生活，开始了。

水

十二少女取水仪式组图

泼水节 依拉贺群舞

高升发射架

第五章

岁月欢

sang 桑 kan 刊 jie 节

千年茶族迎日曜

桑刊节

布朗人迎接太阳的一日

傣族泼水节的第三日，晶莹的水滴染上了旭日的光辉。所有人都在狂欢，然而岩温罕却在收拾行李。他板正的脸上并没被窗外的欢声笑语渲染得松快些，忙着和我们道别。

我问他要去哪里，他说要办两件事。第一件事是要赶到130公里外的章朗老寨，那是他布朗族妻子的村寨，每年摘茶季他都要帮忙查看新茶的质量与采买。第二件事是与妻子全家一起过桑刊节（布朗族又称厚南节）。

原来傣族的岩温罕有个布朗族的妻子，“那她平日与你一起住在昆明吗？”

“她留在寨子里，走不了。”

章朗老寨盛名在外，我素有耳闻。

中国云南巴达山区的高山上，有一处大黑山原始森林，林木茂密，谷涧错落，孕育了诸多几百年以上的古茶树。茶树与森林共生，林中有很多茶籽落地后自然长出的小茶树，接力品质极好的乔木老树。不远处的章朗老寨历史悠久，遍布古茶园。

据章朗古佛寺珍藏的贝叶经记载，一千四百多年以前，佛家弟子玛哈烘去斯里兰卡取经。学成后，他便把三藏十二部贝叶经带回，传播佛教的思想。他背着经书往回赶，来到勐坦牙瓦帝城，国王女儿见他负重辛苦，命仆人送了他一头大象，帮着驮运经书上路。玛哈烘赶着大象，沿途经过许多国家，建寺立塔。当他来到恩巩跺多山（现章朗古佛寺所在地）时，正值冬季，冻雨突降，大象竟被冻僵，跪卧不起。附近百姓闻讯赶来，帮助玛哈烘拾掇薪柴，燃起熊熊之火，为大象驱寒取暖。后来，玛哈烘在此建寺立塔，并动员周围村寨的人搬到现在的地址，组建寨子，取名“章朗”，以纪念大象驮经书之功。那时，他们称这里为“景桑”，意为“祖先曾居住过的地方”。

在历史长河中，自古受到古茶树恩泽的布朗人，沉淀了丰富的茶文化，也荟萃了与众不同的茶艺。布朗族是濮人的后裔，而濮人是最早发现与栽培茶树的人。汉晋时期，濮人分布在今云南澜沧两岸及以西地区。布朗族生活在深山中，是他们的分支。古茶树蕴含着重要的人文意义，章朗人视它为圣物珍品，不但会祭献古茶树与茶祖，还在婚丧嫁娶中以茶作为礼物，拉近人与人的距离。

温罕告诉我，布朗族的桑刊节是年节，也是族内最盛大的节日，日期和泼水节挨得很近，经常重叠。泼水节敬水，桑刊节敬日。桑刊节那天全寨的人都会隆重出行，迎接太阳。

迎接太阳的习俗源于布朗族的传说：天神及其十二个孩子创造了天地和万物。太阳九姊妹和月亮十弟兄一起出现，天地大乱，天神造弓箭射落八个太阳和九个月亮，避免了万物被暴晒而死。但是，剩下的一个太阳姐姐和一个月亮哥哥却吓得躲藏了起来，世界一片黑暗，寒冷不堪。天神召集百鸟百兽去请他们，让萤火虫发光，燕子带路，百鸟百兽找到了日、月藏身的山洞。天神自己不直接出面，怕吓着了日、月，请公鸡与他们订了协议——白天太阳出来，晚上月亮出来。从此以后，在桑刊节时，布朗人都要在太阳出山前于村寨东边搭一彩棚，穿戴整齐，由寨老主持，全寨出行，载歌载舞地迎接东方喷薄而出的旭日。

盛大的节日场景在我的想象中发酵，膨胀。我是个好奇心重又无固定行程的旅人，立即询问是否能同去。温罕好客，布朗人也好客，在他的应允下，我终于有机会一探千年茶族迎日曜的节日古俗。

章朗老寨古树茶山区

农忙

深山中的千年茶族

绕过九曲十八弯的山路，章朗老寨如藏在深闺的姑娘，缓缓揭开了面纱。温罕并未径直进寨，反而将车停在寨口白象寺的寺门口。南传上座部佛教的佛寺必须脱鞋才能入内。我脱下鞋袜，光脚进入白象寺内。炙热的地面烫得脚掌不敢多着地。华丽如皇宫般的白象寺让我忽略了烫脚的痛苦，坐落于偏远的山区，它梦幻得像海市蜃楼。一座花岗岩铸成的白象雕塑象征寺庙的传说，覆在白象头顶与象鞍上的金箔闪闪发亮。主殿垂脊上布满密密麻麻的火焰状的装饰。每一角戗脊上都站立着一只光辉灼灼的象鼻凤凰。佛寺中最为神圣的戒亭洁白秀丽，高高的台基上镶嵌着七宝琉璃。屋顶成攒尖顶，吊着用银箔鎏成的镂空花饰。

小沙弥们忙着为即将到来的节日做准备。出家受沙弥戒是傣族、布朗族等族的男孩子一生当中不可或缺的过程。他们必须剃度出家到寺庙学习德行、文化与礼仪。出家的时间从几周、几年到十几年都有，只要修满最短的出家时间，随时都能还俗。有的孩子只是去做一回“赕路皎”（短期出家），也有许多孩子扎根在寺庙中，一生礼佛，走上做佛爷的晋升之路。

一组小分队拿着铲子在寺庙的角落堆起高高的沙山，这是明日堆沙塔用的原材料。另一组小分队用软软的纱布慎重地擦拭着门上的木雕与檐廊下的彩绘。据说明天全寨子的人都会在此聚集，小沙弥们不敢怠慢。温罕的神情谜一般难解的复杂，只见他在大殿前的石阶上扎扎实实地磕了个头。我望着他，正奇怪拜佛为何不进殿时，一位身披黄色僧袍的中年僧人来到他的身边，与他一同坐在檐下闲叙。

“温罕，你回来的正是时候，每年桑刊节是树上茶叶长得最好的几天。寨子里的村民都忙疯了，又是爬树抢摘新茶，又是下地收甘蔗，也就过节这天大家不用干活，能与你聚一下，估计你明天得喝十大碗翡翠酒。你还俗多年，替我这个帕桑（布朗族佛爷的第四等级）多和乡亲们叙叙旧。”

“我不敢多喝，这次来是去几个茶园采买新茶，收走后带去昆明的工厂加工。这样茶农们都能赚到钱，不会白忙活一年。其实前两年收走的茶叶库存还很多，好在我把它们都加工成了普洱茶，耐得住放。今年茶如果再卖不动，我得再找更大的仓库。我还帮忙联系了江西善于做红茶的师父过来教学。如果能帮助茶民学会做红茶的技艺，茶民们就能多个营生，不再只是出售鲜茶原料，还能卖自家的成品红茶增加收入。”

“你看你为了我们这个寨子操了那么多心，还俗后累不累？有没有后悔当年没继续做佛爷？当年你还是个傣族小沙弥的时候，被千挑万选地选进了我们这座古刹进修，师父说你有慧根，可惜你修到二十岁成了佛爷，却还俗了。”帕桑的神情总是很平静，他只是静静地问。

“为了赛娥，我不后悔。赛娥最大的梦想就是让寨子变得富裕些，孩子们不用爬两座山去上初、高中。如今学校已经有了，若大家还能靠茶叶致富，赛娥会很高兴。”温罕拍了拍前师兄的肩膀，又去沙弥宿舍恋恋不舍地看了一眼，便告辞进村。

温罕的妻弟早早在家门口等待，见到我们到来甚是热情。听了我的来意后略感诧异，因为很少有外乡人来章朗老寨不为看茶而为过节。他人很好，话不多却表示要全程陪同。我问他们节日有什么特殊安排时，被告知一切仪式都在明天举行。不过一些章朗老寨的有心人，会在节前去位于深山中婻三飘的石屋前看一看，还要喂她的马儿吃草。温罕的妻弟表示先请我回家吃饭，等吃完饭、喝完茶再一起上山。

我客随主便，顺便问道：“婻三飘听上去是位女士的名字，她与马一起住在山上的石屋里吗？”

他俩大笑，告诉我婻三飘是古代布朗族的女英雄。某天她在河边捕鱼，偶尔得到了一只三尾螺。她爱不释手地带回家，试着插在发髻上。不料这只三尾螺有魔法，带上它的姑娘一天内能变三种容颜，且一次比一次更美貌，于是她得名婻三飘。各勐土司为了争夺这位美人械斗不休，给布朗族百姓带来了沉重的兵祸。婻三飘疼惜同胞，为了平息连绵的战火，她大义凛然地说：“为了免除族人的痛苦，我愿远离人世间。”于是她常年将自己封闭在深山的石屋中，只留一匹马陪着她。从古至今，章朗及周边寨子的人维持着去石屋凭吊、摘草喂马的习俗。

闲聊间，温罕的岳母家到了。一栋两层竹楼稳稳地坐落在山腰中，建筑屋顶为双斜面，用草排覆盖。四周有栅栏，设有进出口。分上下两层，底层堆放着柴火、农具、织机等。

几位中老年妇女佝偻着背，围坐在院子中铺着的竹席上，头都不抬地赶着采青。她们挽发于顶，头上包缠着与衣服同色的头帕，形成一个大大的三角形发包。上衣以蓝色、黑色为主，下身一律穿着黑色手工纺织的筒裙。裙子膝部以上布满红、白、黄、黑、绿等编织条纹，为素净的衣裳添了几抹颜色。

节日前的布朗人每天都披星戴月地摘茶与采青，因为一旦过了桑刊节，乔木老树上的茶叶会迅速老去，不再适合做茶。这一派务茶劳作的景象，成了布朗族节日里独特的风景。

老祖母看到我这位不速之客，腼腆地笑着，露出一口用“考阿盖”的树枝烤焦后燃出的黑烟染黑的牙齿。她放下手中的茶叶，引着我们上二楼。我脱鞋躬着身体上楼，暗暗的屋子以竹片编织成四壁，铺设木质楼板。二楼很宽敞，足有城里两室两厅的公寓般大小。同一个空间分为堂屋、火塘、住室三个主要功能区。我们坐在方形的火塘前，上方屋顶吊着一个篾笆编织的“烘台”，上面放谷子、茶叶、烟草、熏肉等。屋内唯一的光线来自火塘上方的天窗，一束银白色的光线倾泻而下，像流淌的溪水。火苗在烟灰堆中若隐若现，老祖母将铁三脚架与铁水壶放在火塘上烧水。温罕赶紧去露台搬来几个装满炒干的嫩茶尖的竹筒，又戳了戳烟堆，让火旺些。

竹筒被笋叶紧紧地封住口，温罕将竹筒放在火塘上烘烤，烤时不停翻动。当竹筒发出焦香的味道时，火候便到了。竹筒冷却后剥去，竹子的清香与茶香融合。一管喷香的竹筒茶柱闻上去沁人心脾。他又拿来一节碗口粗的鲜竹，以竹筒为茶壶，一头削尖，插入火堆中，注入沸水与烤制好的竹筒茶叶，然后倒进加有蜂蜜的白瓷杯中请我喝茶。

“这是我们招待贵客的饮茶方式，你尝一下。”

我全程看着，觉得颇为新奇。章朗古树茶叶片为椭圆形，香型特殊，似兰似蜜，山野气息浓厚。茶水入口时，蜂蜜的甘甜、山泉水的清冽、茶叶的浓醇融为一体，喝起来别有风味，回味无穷。

老祖母并未享用这杯甜蜜的竹筒茶，她拿起放在阴凉处发酵已久的酸茶饮用。据说酸茶是极具布朗民族特色的做法。在每年湿热的五六月，为了避免内滞，他们将鲜茶煮熟，放在阴凉处发酵，等茶发酸后装入竹筒并且埋入土里。四个月的光阴流转成就了一筒具有药用价值的酸茶，当地老人都有嚼食酸茶的习惯，能生津止渴，有助于消化。饮完茶后，她又拿起一根长长的兰烟，吸嗦之间，缥缈的烟雾萦绕着她沧桑的脸庞。我环顾四周，一丝淡淡的疑惑浮上心头："为何一直未见温罕的妻子？"

老祖母与我们寒暄片刻，起身到靠前的竹柜中拿出一套布朗族女性服饰。上衣是对襟圆领无袖贴身小背心，领口有一溜彩色花边，胸襟上钉着一排银色小纽扣。下衣是黑色筒裙，膝部以下拼接五色彩丝，裙角边有彩布滚边和花边。看得出衣服一直被妥帖地叠放着，纽扣上还吊着一只塞满茶叶的香包。

"待会儿如果你们上山的话，把这套衣服带给赛娥。这孩子从小到大都倔，如今离我太远了，我瞧不着她了。"

布朗族建筑二楼的火塘

章朗老寨的古树茶

挑拣黄片

白象寺的小沙弥

白象寺

白象寺的屋脊

白象寺的白象雕塑

白象寺

习俗

堆沙塔、迎日曜

山路上厚厚的落叶铺满狭窄的泥道，踩上去嘎吱作响。周边参天的乔木茶树遮天蔽日，调皮的艳阳时不时从树叶中探头，像镶满钻石的顶灯忽然亮一下，闪得人不敢直视。

我们一行三人先前往婻三飘的马厮。走了几公里后，带路的两人有默契地开始找寻饲马的嫩草。不远处一座不起眼的小石冢就是埋葬马的地方。石砖堆砌出一块小小的三角形墓碑，碑前还放着前一批人带来的蜡条贡品。一个口口相传的马冢成了世代布朗人哪怕没有路，踩出一条山路也要来的地点，这份融于民族骨血的仪式感实在让我印象深刻。

山上天气凉爽，温罕席地坐在路边的大石上，指着远方被荒草与巨大乔木遮掩的石屋说："二十年前与我妻子第一次来的时候，婻三飘的石冢还能抵达，现在全部被树挡住了，真是物是人非。"他遥遥地拜了拜。

“和我说说你们的故事吧。”

温罕斜着头，微笑着，语气温柔地说起他十六岁那年的往事。

“二十年前，我还是一个小沙弥，顶着个光溜溜的头每日在白象寺认真地上课——学习佛法和世间的道理。师父总告诫我们，修行的人要多行善，帮助别人的同时也是在帮自己积累功德。

“那天我正在打扫寺庙，为明日的桑刊节做准备，我看到一位个头才到我肩膀的小施主背着装满书的布包摔倒在了寺庙外的石阶上，她顾不得自己脚扭了，赶忙爬起来要继续走。我过去询问她的伤势，问她要不要回去包扎涂药油。她告诉我没时间折返回家看脚伤，她还要爬两座山去镇上唯一的初中去上课。我想我行善的机会到了，山路难行，不如护送受伤的她去读书。

“小施主叫赛娥，她一瘸一拐地走在山路上，时不时被藏在落叶下的淤泥滑到。

“我跟在她身后，喊道：‘小心！’身上的黄色僧袍已被泥土染脏，喘着大气关切地问：‘你每天上学都要走这条路吗？一来一回爬四个小时的山也太辛苦了。’

“小赛娥缠发的圆帕子上簪满路边的野花，俏生生的。她回头用浑圆的眼睛瞪了我一眼：‘你这个小沙弥呀，之前看到我摔倒了，说要做善事，护送我这个瘸了脚的人去上学。现在又要嫌累。不如你回佛寺继续打扫，不用管我！这儿几个寨子只有一所初中，能上学我已经很开心了。路远些有什么关系？我只要回家熬个通宵帮阿妈赶在桑刊节前完成采青，她也就不会说什么了。’她的声音就像山泉一样清澈，脸颊细细的汗毛上挂着汗珠。说话总是带着一股子不服气的机灵劲儿，与寺庙中那些前来拜佛祈福的女子不太一样。

“‘不是嫌累，不是的！做善事不会累！’我急急地分辩。

“‘那你帮我去采些马草，我要供给婻三飘的马儿。快过节了，婻三飘的石屋就在前面下坡处，我要去磕个头。我心里最敬佩的就是婻三飘的心气，谁说女子就一定要嫁有钱人，能为族人做事才好。家里老是说老寨穷，让我别读书了。可我得多学些本事，以后带着寨子走正道致富。咱们老寨可不能像森林那头的缅甸村那样永远穷下去。缅甸村的男人只知道来快钱种罂粟，犯了法全被抓后，整个村子成了寡妇村，毫无生机，真是可悲。’

“小赛娥的话声声入耳，传入低头摘草的我的耳朵里。师父教导我，出家人要自渡。修行的火候到了就能成佛。可这小施主的志向居然不只是自己好，竟然还要全寨子都好，真像我老家傣族歌谣里了不起的女英雄。我忍不住多看了她两眼，却害怕被她发现，只是默默把草递给她。我又随手折了条断竹做成拐杖给她辅助下坡用，说道：‘我只拜佛，不陪你下去拜婻三飘了。你走下坡路的时候当心些。’

“时光荏苒，在我认识小赛娥的第四年，我年满二十岁，通过了考核晋升成佛爷。做佛爷的工作不比学习的时光来得轻松，我每日要在寺庙接待前来赕佛的人。那年桑刊节，晨光熹微，全寨子的人齐聚在白象寺内。女施主们肩挑一袋袋黄沙，从寺庙角落的堆沙处走到菩提树下。男施主们接过黄沙后筛沙，和白胶泥，浇水搅拌，然后利用事先做好的笋壳模具细致地堆成一座座小沙塔。在迎接太阳前，寨子里的人得堆满一千座小沙塔。它们将组成一座大宝塔，塔顶插佛幡竹竿，枝上缠五彩纸旗。沙是最纯洁的，节日赕佛时堆沙塔能告别过去的一切不顺，迎来平安。

“时间紧迫，堆沙的任务繁重。我在人群里看到了赛娥，她长大了。这些年我曾悄悄地想过，她是否还坚持着少年时的梦想，是否还要每天爬四个小时的山继续读高中。每次她和家人来赕佛，我只远远地看一眼后便不敢出现，不知在心虚什么。有次她偶遇我，问我功课做得怎么样，我不多言语，匆匆行礼后离开。那日，我念诵了一天的佛经，思考着赛娥好像成了我这几年修行时脑海中时不时会蹦出来的人，这是为什么呢？

“我看到赛娥挑着重重的、装满黄沙的铅桶往返于堆沙处与菩提树下，汗水浸湿了她的衣裳。掉在地上的沙粒磨脚，她的脚掌已经通红。我想帮她，但是不能。我跪在佛塔内，忙于接待周边前来赕佛的村民，他们将特地带来的糯米糕、蜡条、花枕、米花等献给寺庙。佛塔下堆满了糯米饭与插花竹幡。我听着他们的祈祷词并诵念佛经。

“每回赛娥经过我面前时，都会瞥一眼我，然后沉默地继续走。那一刻我觉得我们之间的鸿沟无法逾越。为了遵守越发严格的戒律，我不能再像少年时那样随意帮助赛娥，而我作为佛爷能进入的一些区域，赛娥半步也不能进。到底是自渡修佛还是与她一起振兴老寨，我在那日反复问自己。

“那年桑刊节后，我拜别师父，还了俗。师父的教导犹在耳边，无论是出尘还是入世，都要记得在天地间做个好人。我觉得人生在世应该去做些自己觉得有意义的事情，如果我能找到一些脱贫致富的方法，那不是能帮助更多的人吗？我去找赛娥，说了我的想法。那天我们聊了很久，她的脸上总是笑盈盈的，眼里闪耀着比日光还耀眼的光芒。一年后，我与赛娥订婚了。订婚那天，赛娥的头帕上簪满我从山上为她采摘的鲜花，脖子和衣服上挂满沉甸甸的银饰。我跪拜在赛娥的祖父母面前，拱手奉上装满了茶叶、旱烟与干辣椒的饭篓。

“祖母眼角舒展的鱼尾纹中夹杂着笑意，嘱咐我：‘祖先说，天上漏下五兄弟。天神在鼓凳上显现文字，写着佤族是老大，布朗族和拉祜族是孪生兄弟，并列排行老二，汉族是老三，傣族是老四。老三老四住到了坝区，我们布朗族人留在了山上。如今我们有了个从坝区来的傣族孙女婿，是生来能做一家人的缘分。按照布朗族的传统，头三年你得住在我们寨子里。等三年后，你们再选定一个好日子举行第二次婚礼，到时候赛娥跟着你回傣寨也好，去其他城市也好，我们都放下心了。’

“我和赛娥相视一笑，微笑应允。其实，我们心里早就有了主意。恋爱时，我们就商量好，要在老寨中扎根一辈子，靠茶山吃茶山，好好经营茶叶事业。赛娥思路清晰，口条顺，能协调茶农们及时在茶树园内采摘鲜叶。我去昆明寻找仓库、加工厂与经销商，完成从原料到销售的一条龙体系。这样一来，就不怕每年来采买的外地茶商压低价格，贱价收走寨民辛苦劳作一年得来的鲜茶。

“那时候的天总是那么的清澈。赛娥打小就不是一朵柔弱的木芙蓉，她是晴空下在茶园忙碌的蜜蜂。每当头茶成熟时，她便带着妇女们熟练地攀着树枝，爬上古茶树采摘鲜茶叶。她从来不害怕树上带刺的飞虫，哪怕是有蛇在乔木茶树上窝着，她也能毫不畏惧地与它对峙。

“深绿色的茶叶表面隆起，叶身背弓，看上去饱满又滋润，它们一篮篮地被运往茶庄。我来往于老寨与昆明之间。用了十年，我们终于疏通了从原料到销售的所有渠道。赛娥的娘家是寨子里第一个改造旧房的人家，曾经不通电的老寨如今晚间灯火通明，宛若星河。渐渐地，学校盖起来了，水泥地代替了砂石路，如长龙般盘卧在从老寨通往山下的道路上。

“如果日子就这样平顺地过下去，该多好。”

温罕哽咽着停止了诉说，回忆戛然而止。

我虽然心中隐约有些不祥的预感，在我们前行了一公里后，看到了一座青石墓碑，上面刻着“爱妻 玉赛娥之墓”时，我的泪忍不住刷地一下流了下来，心被揪得生疼。我不知道该说什么来安慰眼前这个善良的人。一颗晶莹无瑕的童话水晶球被无情地打碎了，那么好的一对璧人啊！

温罕蹲下来，用手帕细细摩挲着赛娥的墓碑，每个缝隙都擦拭得干干净净。几年前的一场意外夺走了赛娥年轻的生命，她走的时候，才刚满三十岁。温罕的眼睛通红，眼泪却倔强地不往下流。在他的诉说里，赛娥的生命充满了张力，对身边的人有着强烈的责任感。她一定是寨子中最有活力、最与众不同的女人。如今她孤零零地长眠在山中，远离了她爱的家人。不知每当小鸟飞过、茶叶飘香时，清风是否会记得她曾经来过这个世间，为家乡做出过了不起的贡献。

温罕与赛娥两夫妻人生中所有的相遇与转折都在桑刊节期间，每年温罕回来过节时，心里该多五味杂陈！青年温罕为了追逐她的梦想辞别了修行了十多年的寺庙，如今她先走了，他背负着妻子的遗愿继续为老寨的茶事而忙碌着。人生的告别总是那么匆忙，与死亡造成的分离相比，作为丈夫，彻底忘记赛娥的愿景才是最悲凉的事情。

温罕没舍得将老祖母交给他的衣裳在墓前烧掉，抚摸了许久后，又收回了怀里。

第二天桑刊节的清晨，墨蓝色的天幕宁静深邃，老寨的老人们纷纷换上了素白色的外衫，裹上同色帕布。晚辈们向家族长行拜年礼：准备两份糯米粑粑，上面放一堆蜡条，两朵鲜花。一份献给祖宗，另一份献给家长。男人脱下包头巾，向家族长拜年磕头。拜完长辈，所有人扛着前一日扎满鲜花的竹竿，拎着放满赕佛物品的竹篮向佛寺涌去。

白象寺所有人都在忙碌，温罕描述的堆沙场景在我面前出现。搬运黄沙的女子们气喘吁吁，来来回回地穿梭在沙堆与菩提树下。男人们挥动铁铲，抓紧堆塔，一座座尖顶的沙塔在寨民的劳动下迅速成型。

我仔细端详每一座沙塔，眼前的它们分明是凡尘的一个个心愿。我不自觉地去猜测哪一个是温罕堆的，他的沙塔里一定怀揣着一个关于赛娥的不能实现的梦想。

早上九点左右，一座两米来高，垒叠形成的大宝塔终于成型。每个人都喜悦又虔诚地望着它，因为它象征着未来的日子幸福安康。所有人在寺庙门口集合，迎接太阳仪式即将开始。

喜欢舞乐的人扛来了长达半米的大锣，蜂桶鼓、象脚鼓、铓锣应着大锣的节拍被敲得异常洪亮。男男女女或肩扛瘦高的绑花竹竿，或手提装满糯米饭与米花的提篮鱼贯而出。为了让迎接太阳的队伍一路畅通，通向终点的道路早已提前封路，汽车等交通工具一律不准通行。寨老手捧金盘，被一群人护送着，前行的队伍愉快且缓慢。

孩子们是最快乐的一群人，他们每个人都被打扮得鲜亮活泼，到处讨糖。受傣族泼水节的欢乐气氛影响，现今布朗族也会在年节的时候泼水助兴。孩子们天真的脸上顽皮地笑着，手里端着铜钵，看到队伍刚想泼水，便被一旁的家长拉住教育："迎接太阳的路上你不准捣乱，等迎接完了，你再玩个够。"

迎接太阳的终点是村寨东面的平坦空地。提前来此准备的人搭好了彩棚，铺上红布，插满鲜花。见迎日队伍缓缓到来，忙迎接几位威望高的老人坐进彩棚内。人到齐后，佛爷正襟危坐在红布上，歌颂祷告，念吉祥颂词。当他站起来时，四周燃起烟花和鞭炮，小孩子捂着耳朵嬉戏追逐。爱跳舞的布朗女子自动围成一个圈。由一位能歌善舞的"冒少头"领舞，大家伴随着铓锣与象脚鼓的节奏，舒展双臂，翻起手掌，简单轻盈地边跳边朝逆时针方向移动脚步。小伙子们在里圈作猛兽状跳跃，他们时而找心仪的姑娘对唱，时而聚合临摹动物行为舞蹈，如此反复循环，尽情抒发心中的喜悦。眼前的这幅景象就像传说中百兽请太阳时的热闹，村民以这种载歌载舞的形式感谢太阳给人间以温暖，给万物以生机。

布朗族妇女在削竹幡

采摘马草和祭祀婻三飘的马冢

寨民来寺庙赕佛

赕佛用的糯米饭和竹幡

赕佛的米花

前来赕佛的老人们

堆沙塔组图 妇女在寺庙内搬运黄沙

堆沙塔组图 男人在堆宝塔

迎接太阳组图 浩浩荡荡的队伍

迎接太阳组图 老人们坐在彩棚下迎接太阳

迎接太阳组图 寨民们高举竹幡

圆圈舞的伴奏

圆圈舞

浓情

跳歌与滴水，悲欢的涓流

舞了一段时间后，男人拿来一桶清亮透明的翡翠酒与几个小碗互相斟酒。这种以糯米原料酿造的水酒之所以能有青翠的绿色，是因为布朗族在出酒时用一种叫“悬钩子”的植物叶片将糟与汁滤开，是节日助兴的佳品。

队伍缓缓踏上回寺庙的路途。走在队伍最前面的几位男子手里端着翡翠酒，一边饮酒一边跳舞，每向前走几步路便停下来，围在一起唱起小调。一个身穿青衣的大叔提议，每个人要即兴用布朗族的特有调子演唱。大家吆喝着开启“跳歌”。大叔豪饮一碗翡翠酒，唱起悠扬宛转的“索调”，他的侄子用小三弦为他伴奏。索调适合唱习俗歌曲，他唱起了《祖先歌》。

叭岩冷是我们的英雄，
叭岩冷是我们的祖先，
是他给我们留下了竹棚与茶树，

是他给我们留下了生存的拐杖。

大家一致叫好，又痛饮几杯。大叔的侄子表示一人唱不带劲，从队伍中拉出一位娇俏的女子，两人用悠扬宛转的“甩调”抒情对唱，互表爱意，惹得大家连连起哄。队伍就这样走三步，停十来分钟，唱歌的唱歌，跳舞的跳舞，浑然忘我。歌曲与舞姿配合无间，嘣咚、嘭嚓、锵切的乐器伴奏此起彼伏。寨老的金盘子中放着鲜花与蜡条，代表太阳跟着人们回来了。老人们从提篮中拿出米花向着天空抛洒，青年们互相打闹，像小兽表达亲密一样扭打成一团。小孩子的天性完全释放，见人便泼水，看到有人湿透便开心得不得了。整个气氛达到高潮。

回程路上，温罕一开始还是一副缄默严肃的样子，如同他在傣族的泼水节时的状态，外面的热闹仿佛是在另一个被切割的空间中，人间的喜乐与他并不相通。半路上被妻子的族人灌了一碗又一碗的翡翠酒后，心中的结界被打开，也开始手舞足蹈起来。男人们的身上已经开始往外飘酒气，轮到温罕唱歌。他仰望着天空中漂浮着的白云，仿佛是赛娥云发间垂下的缅桂花，他用缠绵的“宰调”轻唱：“我心尖尖上的爱人啊，如果你能听到，请晚上来我的梦乡”。酒精麻木了他的舌头，含糊不清的歌词旁人听不太懂。酒精迷蒙了他的眼睛，炮仗的青烟四处飘散，洒落的米花坠向大地，他分明看到了赛娥躲在云后，如往常一般，噘着小嘴，含笑望着他。一滴滴豆大的水珠沿着脖子滴到了衣领上，不知是眼中的泪，还是唇边的酒。

队伍就这样缓慢地、不计较时间地回到了寺庙。男人们进入主殿，跪在佛爷前听经。女人们齐齐地跪在殿外，匍匐在地上的姿态很是虔诚。最后，有人发放水瓶，大家对着日落方向，朝着地面滴水祈福。对于温罕而言，那一滴滴水是眼中的泪，是心头的血，倾诉着他的隐痛，却又给他极大的安慰。水滴入土的瞬间，汇成人类悲欢的涓流，承载着世间的深情。

午后村民们陆续散去，他们还要一家家地去串门吃饭，有人笑着说，过一个桑刊节吃五顿饭，喝十顿酒都是常有的事。那日若不醉倒，实在对不住一整年的辛劳。温罕用尽了最后的清醒，将老祖母交予他的一套赛娥的衣服和妻子家准备的糯米递给师兄，又捐了不少钱给佛寺。师兄答应为他开一场“守什拉”仪式，让赛娥能感应到世间的亲人对她的思念。温罕欣慰地笑了，下一秒便倒在师兄的怀里不省人事。师兄无奈开了间禅房，把他拖了进去。他的妻弟说：“守什拉仪式后，姐夫今夜一定能梦到阿姐。”

为了不再打扰温罕的美梦，我想我的归期已到。离开章朗村时，一道道寨门就像生死门一般庄严。每一场隆重盛大的节日背后，都饱含着人世间不可言说的悲喜。过节的人未必事事欢喜，所以总得有一场将告别与希冀结合的仪式，让人慢慢地走出困顿，用足力气继续生活。

孩子们向迎接完太阳的队伍泼水

迎接完太阳归途的跳唱

节日里布朗族的孩子们组图

滴水仪式

节日里快乐打闹的人

第六章

岁月欢

duan 端 wu 午 jie 节

五月五，是端午

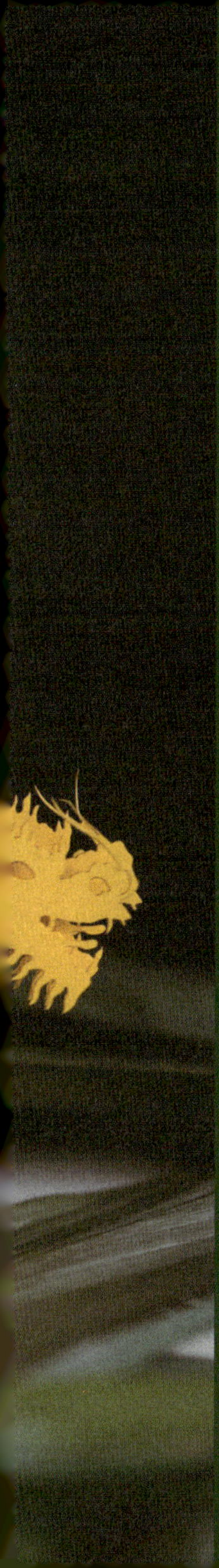

溯源

端午临中夏，时清日复长

淅淅沥沥的梅雨季稍稍停歇，艳阳冲破云翳照耀在华灿的榴花上。翻开日历，夏至未到，端午将临。现今中国的端午节是美丽又热闹的。长辈将五色丝线绕成蛋兜挂在孩子身上；粽子的清香弥漫在家家户户；江面上龙舟竞渡，浪花翻腾。岸边彩旗飘摇，观众呐喊助威。你也许不曾想到，古时的端午节充斥着驱邪避疫的紧张感。大家并没有将它作为轻松愉快的休息日，反而称其为“恶日”。

农历五月初五为端午，“端”字有“初始”之意，而按照中国传统的干支纪时法，五月正是“午”月，因此称之为端午，又称端五、重午、重五。早在战国时期，民间将五月视为恶月。端午临近夏至节气，日长，夜短。先秦时期的气温很高，农历五月比现在热多了。各类蛇虫蚁鼠经历了冬日的休眠与春日的复苏后，开始在艳阳高照的气候下肆虐。加上炎热又潮湿的天气，导致病毒和瘟疫的感染风险加剧，这些对古时医疗条件有限的老百姓来说，很容易威胁到生命。于是他们创造了各种守护健康的端午节习俗。

从恶月到恶日，五月初五出生的孩子注定不容易。旧时有“五月五日生子，男害父，女害母”的迷信说法。当孩子长到和门户差不多高的时候，便有危害父母或者自害的不幸事件发生。这种与人伦相悖的迷信害死了不少那一日出生的婴儿。哪怕是出生在王侯将相家庭的孩子，也经常因为自身无法选择的出生日而被抛弃或冷待，比如宋徽宗赵佶出生在五月初五，便从小被寄养在宫外。

历史上记载的第一位恶日出生又逆天改命的人是战国时期好客养士的孟尝君田文。靖郭君田婴得知妾室在五月初五生下儿子，第一个想到的竟是这个婴儿会祸害到自己，便让妾室丢弃亲子。那位伟大的母亲自然不愿意任由一个才呱呱坠地的婴儿自生自灭，于是偷偷地抚养他长大。

时光荏苒，田文长大成人，在兄长的引荐下第一次见到父亲。不可理喻的是，父子重逢时田婴大为震怒，竟有种灾祸未除的恐慌感，怒斥其母为何没把这个孩子扔掉。田文强忍着心中的失落，与父亲硬抗，说出了：“人的命运是由上天授予，而不是由门户的高度决定的。若五月初五的孩子长到门户高时便有灾难，那抬高门户就可以了。”

他的善辩与我命由我不由天的勇气让父亲一时无法回应。之后他凭借自身的才干终于得到了田婴的赏识与器重，从而继承爵位，食邑在薛邑。

令田文名满天下的行为是广招贤能。他在薛邑招揽各诸侯国的宾客。只要你有才，无论你是默默无闻还是流离失所都能得到丰厚的待遇。有一次，田文宴请宾客，由于灯光昏暗看不清主客的餐饮，一位敏感的宾客认定饭食的质量有高有低，气冲冲地放下碗筷就要辞别而去。田文马上站起来，亲自端着自己的饭食与他的相比，原来待遇是一模一样的。那个宾客羞愧得无地自容，竟刎颈自杀表示谢罪。这桩乌龙事件传得沸沸扬扬，使天下的贤士无不对田文倾心向往。这些门生也的确屡次为他献出良策，帮助他在政治生涯中转危为安。他过世后，战国四公子孟尝君谦虚好客的美名一直流传至今。

以戏说的角度看孟尝君和宋徽宗这两位五月初五出生的历史名人，我忽然庆幸孟尝君处于中国历史相对比较早的时期，为后来在这一天出生的孩子们赢来了希望。若他的结局像宋徽宗这般耻辱，那孩子们的命运就更不好说了。历史上还有几位出生在五月初五的名人，他们的家人常以孟尝君为榜样激励孩子："虽然出生日非吉日，但只要凭借自身的努力还是能做出一番事业的。"

历史上在五月初五出生的孩子不受欢迎，但有几位在五月初五离世的人却流芳百世。

两千多年了，人们从未忘记屈原的爱国精神和浪漫诗辞。公元前278年，秦军攻破楚国王都，屈原心中累积的失望与悲愤达到了顶点。他想救楚国，屡次进言却惨遭贬黜流放。眼看自己的国家被侵略，心如死灰，于五月初五，在写下了绝笔作《怀沙》后，以一种献祭的决绝方式，抱石投汨罗江自尽。他没有唤醒君王，却唤醒了人民。楚湘地区的百姓开始在端午祭奠屈原。

春秋时期的伍子胥助吴伐楚。吴王阖闾死后，其子夫差继位，吴军征战越国，士气高昂，百战百胜。越国大败后，越王勾践请和，夫差答应了。此时伍子胥持相反意见，认为要彻底消灭越国才能永绝后患。吴国的大宰受越国贿赂，谗言陷害伍子胥。夫差听信了谗言，赐伍子胥宝剑，要他死。伍子胥为吴国前途殚精竭虑，视死如归。他在死前对身边的人说：“我死后，将我的眼睛挖出悬挂在吴京的东门上，以看越国军队入城灭吴”，言毕便自刎而死，夫差闻言大怒，令取子胥之尸体装在皮革里，于五月初五投入大江。往后的故事，便是众所周知的越王勾践卧薪尝胆得以复仇成功。之后江苏、安徽两省的人把祭奠伍子胥的仪式与端午节连接起来。

还有一个传说，同样发生在五月初五。东汉年间，一个只有十四岁的上虞姑娘曹娥昼夜沿江号哭，因为他的父亲坠水溺亡，十几天都没有找到尸首。她在端午那日也投了江，当人们再找到她时，她已经成为一具紧紧抱着父亲的遗体。她的孝义感动了人们，相传至县府。当时的东汉名将度尚在任上虞县长，他特地为曹娥立碑，让他的弟子邯郸淳作诔辞颂扬。浙江人为了纪念和宣扬曹娥的孝道，在端午节自发组织祭奠她。

这些在五月初五亡故的英雄们，纷纷在一年内的至阳时刻，血气方刚地牺牲自我，上升成为道德楷模。不同的地区在同一天纪念自己家乡的伟人，是用节日存续一种崇高的精神，这些在端午就义的人虽然肉体湮灭了，但他们的精神得到了永续。正是因为这些人的存在，升华了节日的品格，赋予了端午节英雄的人格。

游历

秭归：楚湘旧俗端午归

祭屈原与赛龙舟

位于湖北的秭归县是楚文化的发祥地，有文字记载的历史至今已有3200年。端阳前夕，暴雨乍收，风烟俱净。淡淡的云霞将浅翠的山峦点缀得清丽委婉。长江三峡的风情就像一幅水汽氤氲、乌墨未干的泼墨画，山水是那么险峻，又那么安静，那么浪漫，又那么孤独。

这片山水中走出了两位名人。一位是“蛾眉绝世不可寻，能使花羞在上林”的王昭君。不知是不是秭归奇绝的景致孕育了王昭君广阔的胸襟，让她这么纤弱的女子凛然地走向了草原和亲之路。她的下半生终究要告别温暖湿润的家乡，在草原与马嘶雁鸣相伴。当青春化为青冢，汉匈长时间的和平何尝不是建立在她美丽又强韧的生命之上。

另一位名人是屈原。秭归是屈原故里，屈原祠也设立于此。

《屈子行吟图》画像上垂须飘飘的屈原戴着高高的发冠，广袖飘逸，身佩长剑，踽踽独行，吟歌于泽畔。在幽寂的深山古道上，他高贵的面容难掩忧郁寂苦之色，但头颅绝不低垂。这幅画描绘的是屈原被流放江南的场景。

这不是他第一次被放逐。屈原一生经历楚威王、楚怀王、楚顷襄王三个时期。在楚怀王早期颇得信任，任左徒、三闾大夫，是国家的最高智囊团成员，能参与法律的制定。他主张章明法度，举贤任能，改革政治，联合齐国抗击秦国。本来一切都朝着理想的方向进行，但由于屈原为人耿直，不愿与小人同流合污，被楚怀王的儿子令尹子兰、上官大夫靳尚和楚怀王的宠妃郑袖等人排挤。他们接受秦国使者张仪的贿赂，不但阻止楚怀王接受屈原的意见，还使计让楚怀王对屈原的信任崩塌。

公元前 305 年，屈原反对楚怀王与秦国订立黄棘之盟，但是楚国还是和秦国签订了盟约，使屈原被楚怀王逐出郢都，流放到汉北。不听屈原话的楚怀王的结局是被囚死秦国。楚顷襄王即位后，屈原继续受到迫害，并被放逐到江南。公元前 278 年，秦国大将白起带兵南下，攻破了楚国国都，屈原眼睁睁看着君王的不清醒导致了家园不在，感到痛心与绝望，只得以死明志，在同年五月五日投汨罗江自尽。

在中国历史上，高风亮节的忠臣很多，为文学史贡献了璀璨巨作的文学家也很多。屈原的形象常年占据文学史和道德的两座高峰，难以逾越，甚至千百年来许多人都误以为端午节是因屈原而有的节日。其中深层次的缘由是什么呢？

位于秭归凤凰山的屈原祠内存有屈原的《离骚》《九歌》《九章》《天问》等 22 篇诗作和历代文人墨客歌颂屈原的诗句手迹。我在其中的一座石碑上找到了答案——“举世皆浊我独清，众人皆醉我独醒。”这句话来自屈原的著作《楚辞·渔父》，是屈原宝贵人格的体现。

余秋雨在《中国文脉》一书中表达过以下观点：“屈原的使命完全不同，他只是个人，没有和声。他一意孤行，拒绝慰藉。他心在九天，不在世情。”屈原的情操正如他诗辞中描写的那样，充满了兰花与蕙草的清香。回头看他的成长环境——有楚国贵族血统却生长于平民之中。高洁与亲民、浪漫与清醒等特质在他的身上得以合流，使他具有迷人的人格魅力。他穷极一生也没能唤醒装睡的君王们，但他的投江如同一颗炸弹，让人民醍醐灌顶，顿然敬畏。正因为他的节操足以支撑起中华民族的精神脊梁，所以他永远站在了那里。

秭归县的端午节有几项盛事要举办。一大早顶要紧的事情是在屈原祠举行屈原公祭和祭江。然后民众汇聚在长江边，观看龙舟竞渡。在划龙舟正式开赛前，每年都要举行群舟游江仪式为屈原招魂。

今年的端午节特别溽热，三峡地区的高温让人如同在桑拿房中活动，动不动就汗如雨下。尽管气候磨人，但在秭归，端午节的地位比过年还高。清晨，屈原祠的氛围异常庄重。秭归人对屈原的缅怀之情比任何地区都浓烈，几乎所有的居民都聚集在了凤凰山屈原祠前，有些人甚至步行数公里从周边乡镇赶来参加公祭，大家以丰盈的感情纪念屈原。

“三闾大夫魂兮归来”。在屈原祠山门前，两条迎风招展的招魂幡格外引人注目。屈原祠前是用艾叶装饰的祭祀台，台上竖立着青铜色的屈原雕像，铜像两旁供奉着屈原灵位。随着三声礼炮响过，在婉转凄切的鼓乐声中，身着素服、头戴艾叶编制而成的花环的祭祀者们依次走上祭坛，诵读楚辞作品《橘颂》，然后上香、跪拜、叩首，表情神圣而庄严。

身着白色孝服的主祭人，悲壮地诵读了歌颂屈原美德的祭文，全场人员肃立，面向灵位三鞠躬，公祭屈原。

公祭之后，主祭祀官抬着前日停驻在长江边的龙舟部件“龙头”“龙尾”徐徐走下江堤护坡，将其置于“三闾大夫之灵位”下方，祭江仪式正式开始。秭归的端午“祭江”，原本是“祭水神”。古时荆楚地区的人们坚信投江后的屈原变成了水神，秭归民间把屈原当作水神来敬。主祭人面向长江，诵读祭文，并摆上祭品，杀鸡取血，洒酒祭江，全体龙舟手敬香叩拜。随后，主祭人为“龙头”披上红布并点睛，然后在徐家冲港湾下水开始游江招魂。

主龙舟狭长、细窄，船头饰点睛龙头，船尾饰龙尾，长达 62 米，得由 120 人同时乘划。它缓慢地游在长江之中，天地大净，让人毫无杂念。站在龙舟头的人吹哨舞楫，所有来自宜昌、荆州、荆门、恩施四市州及秭归县内的职工组建了 24 支龙舟队依次跟随，沿江划动。长龙舟在前引领航道，站在舟中的捶鼓人捶棒敲击鼓面，节奏缓慢且悲切。一众龙舟划到了江心亭周边，轻桡慢划，转悠三圈，江面上形成了一个巨大的圆圈。众人齐唱《招魂曲》，呼唤屈原魂归故里。岸上的民众纷纷将手中的粽子抛向江中。

秭归《招魂曲》

三闾大夫哟，听我说哟，嘿嗬也。

天不可上啊，上有黑云万里。

地不可下啊，下有九关八级。

东不可往啊，东有弱水无底。

南不可去啊，南有豺狼狐狸。

西不可向啊，西有流沙千里。

北不可去啊，北有冰雪盖地。

唯愿大夫，快快回故里。

……

这番龙舟竞渡前的招魂仪式是秭归独有的，场面肃穆又苍凉，充满了对英雄陨灭的不舍。随着仪式的结束，哀伤的《招魂曲》刚刚结束它最后一个音符，《义勇军进行曲》骤然响起，这是龙舟赛开赛前所有运动员都要站立齐声歌唱的歌。两首曲风截然不同的音乐接踵而至时，我的心像被巨钟狠狠撞击了一下。

一首代表过去，一首代表现在；一首代表乱世哀鸣，一首代表盛世华章；一首凄凄切切，一首激情昂扬。这份对比让我从悲伤的情绪中忽然抽离，开始庆幸自己出生在这个时代。这种感性却真切的情绪，非得亲临现场看到、听到才会迸发。

随着裁判的一声哨响，22 人龙舟 500 米决赛、12 人龙舟 500 米决赛、22 人龙舟 3000 米绕标赛等比赛依次开始。领舵人端坐在船头，激情昂扬地敲打大鼓，为划桨水手调整下桨节拍。龙舟行驶的快慢节奏全靠鼓声指挥，故每当两船竞赛到难分伯仲时，鼓声便如雷鸣般激烈。两人一排的桨手们齐声吆喝，充满力量的口号和河两边观众的加油声混成一片。每一队都为了夺得最后的冠军而竭尽全力。两岸站满了撑着各式各样花伞的人群，呐喊助威声此起彼伏。原本水平如镜的江面不再冷清，迎来了一年中最热闹的早晨。

当最后一赛的冠军龙舟冲破终点线时，江边顿时沸腾起来。没有人在意炎热的体感，满足着能亲临这一年一回的盛宴。

位于秭归县的屈原祠

屈原祠

屈原招魂仪式组图

龙舟竞渡

粽子

端午数日间，更约同解粽

粽，即“粽粔”，俗称粽子，主要材料是糯米、馅料，用箬叶（或柊叶、芦苇叶等）包裹而成。端午食粽的风俗，千百年来在中国盛行不衰，已成为中华民族影响最大、覆盖面最广的民间饮食习俗之一，并流传到朝鲜、日本及东南亚诸国。当今粽子的外形、主要食材、包裹的外叶、内馅、蘸料甚至连冷热的食用方式都因地域不同而各有特色。

许多节日的传统美食在中国南北都有差异，每个地区都觉得自家的才最好吃。比如在元宵节，一团糯米粉成了北方的炸元宵或南方的含馅煮汤团。清明时期的青色艾团能圆圆滚滚地裹住豆沙被蒸得香甜软糯，也能包裹笋、猪肉、辣椒成为咸鲜味十足的饺子状清明果。

粽子也面临着人气太高的烦恼，北甜南咸的对抗从未停歇。在先秦时期，粽子可没有是甜还是咸的争议，它听上去十足像一道“黑暗料理”。先秦时期人们用菰叶（茭白叶）包黍米（有黏性的小颗粒黄米）成牛角状，称为“角黍”。是用混合草木灰的水煮熟的祭祀用品。且不提那时候是否会有人偷吃祭祀食物，想象一下当他拨开菰叶，看到灰黑色的黍米内馅，不知是否还有胃口吃它。

纵观世界的人类发展史，用叶子包裹食物的做法在古代外国也不少见。希腊人用葡萄叶包裹肉末、米饭、葡萄干、洋葱等食材再焖煮，称为“Dolmades”；墨西哥土著用玉米叶包裹肉、玉米糊、蔬菜、辣椒等食材成为传统食品“Tamal”。东南亚地区采摘叶子包裹主食的现象更是屡见不鲜。其背后的起因无非是在烹饪条件不成熟的古代，用自然界常见的叶子包裹和隔离食物再煮会比较卫生，粽子也是此类智慧的结晶。秭归人用粽子纪念屈原，江苏人用粽子供奉伍子胥，一开始都是主要出于祭祀的目的。

随着饮食做法与口味的日渐丰富，粽子从祭奠的神坛走下来，成为大众百姓口中的美食。形状与口味也开始变得精致与多元化。人们开始用竹筒装米密封烤熟，成为“筒粽”。晋代，粽子正式成为端午节食品，主要使用糯米，并会加入中草药来强身健体。唐代的粽子讲究“白莹如玉”，其形状除了角形与筒形，开始出现菱形、秤砣形、锥形等。当时粽子是宴会上的点心，名字极为好听：赐绯含香粽。从字面上不难理解，它的做法是将糯米与红花香料搅拌在一起，使它的颜色如仕女双颊绯红的胭脂。食用时，先切片，再用精美的勺子淋上蜂蜜装盘入口。看来唐代的粽子已俨然成为一种奢侈生活的美食象征。

宋代，无论是《东京梦华录》还是《岁时杂记》，描绘人文生活的作者都记录了粽子的口味为甜。诸多馅料开始登场：红枣、松子、板栗、生姜等口感丰富的配料轮番被包入糯米。还有用水果做馅的蜜饯粽——

苏东坡有句诗“时於粽里得杨梅”说的就是它。过节期间，粽子被堆成亭台楼阁、木车牛马，俨然成为一种风尚。

直到明清，用猪肉酱或火腿做馅的粽子才陆续在古书中出现。粽子在明清两代是学生族的最爱。相传，那时的考生在参加科举考试前，要吃家中特意给他们包的“笔粽”，样子细长很像毛笔，谐音“必中”，为的是讨个口彩。现今中国的许多地区，还延续着这个风俗。端午节前后是考试季，爱子心切的家长们会包粽子给家里的考生吃，因为“包粽”与“包中”谐音，以祝孩子们考试顺利。

若要细数每个城市用什么馅料做粽子，恐怕三天三夜都说不完。大范围粗略地说，北方粽子多以红枣、豆沙、果脯为馅，甜蜜而清香。南方粽子的口味主打咸与鲜，糯米与五花肉是先行军，以广东咸肉粽和浙江嘉兴肉粽为代表。来到了屈原的故乡，我对这片土地诞生的粽子特别好奇。秭归粽子又称清水粽子，放在竹编草篮里的它们呈现出瘦长的锥形。

在一条小巷子中，身穿布衣的阿婆面前放着一篮子红枣。桌上雪白的糯米早已被充分浸泡至软透。一叠翠绿的芦苇叶被剪去了根蒂和尖梢，散发着芦叶的清香，整齐地码放备用。阿婆取来三片芦苇叶放在左手掌中撑开，下面两片叶重叠，上面一片叶在两片叶的交缝处压实，左右相折卷成三角圆锥形，每个圆锥里放入糯米与一颗红枣，再按压结实，将余叶向上封口，左手虎口夹紧，顺势从右向左卷包成菱形粽子，最后用棉线扎紧。端上锅灶后，两次加冷水再煮沸，吃的时候解绳去叶，盛盘撒上白糖调味。

显然，秭归粽子的口味软糯清甜，它的特别之处在于中心的那一颗红枣。阿婆和我说，把粽子包成这般是有寓意的。菱形的形状代表屈原性格的宁折不弯，绿色的三片芦苇叶代表他两袖清风，红枣是他高贵洁净的心灵。说罢，她吟唱起秭归人包粽子时唱的《粽子歌》：“有棱有角有心有肝，一身清白，半世煎熬”。

走在巷中，我发现每家每户除了高挂用红线捆扎的菖蒲和艾草外，还在大门两边贴着其他地区春节才有的春联。当地人告诉我，端午节作为秭归人一年中最重要的节日，每年有三个“端午日”：农历五月初五是“头端午”，五月十五是“大端午”，五月二十五是“末端午”。每个端午日都会围绕屈原的纪念活动展开。

我望着一家门户前的对联，上联是“时逢端午思屈子”，下联是“每见龙舟想汨罗”，不禁喟叹，中国有这么一个县城，将端午节所有的人文情感都倾注在了屈原身上。

甜粽与咸粽

秭归粽子组图

wu
五
yue
月
chu
初
wu
五

百计避毒保康健

端午节是个巨大的容器。历史绵长的它从战国时期起糅杂了各个朝代与地区的风俗，并随着时代的发展不断注入新的内容。在这些习俗与风物中，总有一些耳熟能详的物品伴随着我们的成长，它们承载着的是人们千方百计维护健康的信念。

五色丝

五色丝在古代有个美丽的别称，叫续命缕，有避邪、防五毒的象征意义。它从我国古代的五行观念演变而来，成为端午节护佑身体的吉祥符，以五色丝线系臂，端午节当天系在手腕、脚腕等部位，是很流行的节俗。

东汉·应劭《风俗通义》：“五月五日，赐五色续命丝，俗说以益人命。”

童年时，外婆总会在我的手腕上系一条五色丝，并嘱咐我要带满端午月。我总是嫌带着不方便，回家后偷偷地摘掉。若我能早些知道这是外婆对我的爱，我一定会带着它过完端午月。回忆如车窗外不停倒退的风景，如果我能搭上时光倒流的列车，一定会在端午那天，推开外婆家的门说："外婆，我回来了。我来帮你带上五色续命丝，请你多陪我些年好吗？"

香囊

人们由系五色丝演变出戴香囊的风俗习惯。香囊俗称香布袋儿，也是端午节人们必戴的物件。香囊由各种花色的布缝制而成，内装由丁香、香草、白芷、甘松、苍术和雄黄等制成的香料粉，用五彩线作索戴在小孩身上，其作用也是祛病辟邪。家乡的香囊内有朱砂、雄黄、香药等驱虫药材，外包以丝布，走动间清香四溢。贤惠的妇女手中针线总是很忙，她们会用五色丝线弦扣成索作装饰，索扣结成一串，十分玲珑可爱。

《端阳采撷》

玉粽袭香千舸竞，

艾叶黄酒可驱邪。

骑父稚子香囊佩，

粉俏媳妇把景撷。

沐浴兰汤

古语中，兰是香草类植物的合称。《大戴礼》记载的古俗中就有端午日洗浴兰汤，五月五日，也谓之浴兰节。端午节当天的午时（上午十一点到下午一点）是一年中阳气最盛的时段。古人在暗雨梅黄中沐浴兰汤，将菊科的佩兰、煎蒲、艾草等香草煎水沐浴，此番目的是提高肌肤的免疫力以抵抗五毒的侵害，类似于现代人们在炎炎夏日出门前在身上喷些驱蚊的花露水。

屈原的诗辞中总有一股子不可磨灭的浪漫气息。《楚辞·九歌·云中君》写道：

《九歌·云中君》节选

浴兰汤兮沐芳，华采衣兮若英。

灵连蜷兮既留，烂昭昭兮未央。

蹇将憺兮寿宫，与日月兮齐光。

悬挂艾草、菖蒲

身体沐浴清洁后带有了洁净的香气，人们还想改善居住环境，对杀虫灭菌动了一番脑筋。常年与大自然中植物打交道的古人发现，艾草的茎、叶都含有挥发性芳香油，可驱蚊蝇、虫蚁，净化空气。菖蒲的气味能提神醒脑，且形状像一把倒挂的利剑，能保佑家宅。农历五月也正值这两种植物的采收季，于是人们在大门口或者窗檐下悬挂艾草和菖蒲，并将其作为端午节的传统习俗。

主妇将端午的家宅植物布置好后，还会拿起剪刀将艾草制成老虎形状。老虎自古被视为阳气足、凶猛的动物，传说能吞噬鬼魅、驱邪。小孩子或抵抗力差的人佩戴艾草制成的老虎有避毒的功效。

《荆楚岁时记》：“采艾以为人，悬门户上，以禳毒气。”

蛋

端午节与蛋的关系千丝万缕。传说端午当天午时，若是能成功地将鸡蛋直立起来，就表示接下来尤其是来年会有好运气。

江南人会在端午节当天吃咸鸭蛋，因为咸鸭蛋有着赤色的蛋心，而毒物最害怕赤色。中医理论中，咸鸭蛋咸而微寒，能滋阴、清肺，可治夏季膈热、咳嗽、喉痛、齿痛、泻痢等病症。江西南昌地区，端午节要煮茶蛋和盐水蛋吃。人们在蛋壳上涂红色，用五颜六色的网袋装着，挂在小孩子的脖子上，意为祝福孩子逢凶化吉，一生平安。东北地区是由长者将温热的鸡蛋放在孩子的肚皮上滚动，边滚边说“一年不会肚子痛”，然后剥皮让孩子吃下。

不少人看到过端午节大街上的儿童胸前挂着蛋兜。一个民间传说解释了这一现象：远古时期，天上有个瘟神，每到端午节都要溜到下界害小孩儿。受害的孩子轻则发烧厌食，重则卧床不起。母亲们纷纷到女娲庙祈求。女娲警告瘟神：“不许你祸害我的嫡亲孩子。”瘟神问：“如何分辨哪个孩子是您的？”女娲说道：“每年端午节，我的孩子胸前会挂一个蛋兜。”

女娲后来告诉各位母亲，每年端午节都让孩子在胸前挂上一个蛋兜，可保平安。端午节挂蛋兜的习俗延续了两千多年。

雄黄酒

有个耳熟能详的故事大家一定知道。《白蛇传》中，法力高深的千年白蛇幻化成人形嫁给许仙。在端午节，许仙劝白蛇娘子饮下三杯雄黄酒，白蛇腹痛难忍，在床上几番打滚后现出了原形。许仙看到一条巨蛇卧在床上，瞬间吓得惊厥了过去。

因为《白蛇传》的戏剧广为传播，所以端午节、蛇、雄黄酒三个名词被大家紧密相连并牢牢记住。每个人都知道，蛇最怕雄黄酒。

民间的确有在端午节用研磨成粉末的雄黄粉泡酒饮用的风俗，目的无非就是解毒与驱虫。但是实践告诉我们，雄黄酒中含有腐蚀性成分，大量饮用别说“蛇妖”受不了，人也承受不了。于是雄黄酒从内服渐渐转为外用。老百姓会将酒蘸洒在家宅中的死角与庭院中，用来驱赶五毒（蟾蜍、蜥蜴、蜘蛛、蛇、蝎子），或涂于小儿皮肤或肚脐上求平安。我在秭归过端午节时，看到有家长在孩子的额头上写“王”字，这种除害方式颇为有趣。

五色丝

香囊

菖蒲

1 2 3

艾草 / 1

香囊 / 2

端午蛋 / 3

雄黄画王

雄黄

第七章

岁月欢

zhong 中
qiu 秋
jie 节

夜长秋始半，圆景丽银河

溯源

仲秋，中秋

农历三旬的第二月，茂密的栾树色泽秾丽，小灯笼状的红色蒴果尚未开裂，一串串挂在黄褐色的老叶上荡秋千。桂花盛放，金碧相杂，枝丫上的点点嫩黄随着清风送香。夜晚的天地是银色的，皎皎月光投下淡淡清霜，一缕云雾偶尔飘过，为月宫披上轻纱。不知有多少游子倚靠在窗边，看着半空中硕大的星球发散着迷离的光辉，忽然念道中秋就要来了。时光一层层覆盖了家乡的模样，桂花酒灌不醉乡愁，唯有与心中挂念的人团聚，才能温暖人们被生活压力封锁的心。

中秋属于农历秋季的第二个月——八月，又称仲秋。古时伯、仲、叔、季可用于排序。“伯仲之间”意思是相差不多。叔、伯也是家庭中的称呼。“孟、仲、季”三字还可以表示季节。于是秋季第二月便称为仲秋，随着时光流转，人们渐渐称它为中秋。

中秋成为节日要从秋分这个节气开始说起。周代的天子遵循时令举行宏大的祭祀，祭日月星辰。之后华夏大地上的历代天子带领朝臣在万物复苏的春分对着太阳祈求年产丰收（春祈），夏至祭地，在收获粮食的秋分拜月还愿（夕月），冬至祭天。北京的“月坛”就是明嘉靖年间为皇家祭月修造的。皇宫内的女眷也依照着仪轨进行祭月、礼月等活动。

皇家祭祀活动慢慢传入民间，百姓也开始了拜月活动。他们抬头看，不禁疑问：为何大家拜月亮的那天，月亮并不是最圆的样子？

秋分这个节气代表了太阳与地球的天文关系，在这一天，太阳到达黄经 180 度（秋分点），几乎直射地球赤道，全球各地昼夜等长。而中秋这个满月日是月亮和太阳的天文关系，当月亮和太阳的黄经差达到 180 度时，此时的月相为满月。两者天文逻辑不同，经常不在同一日。民间活动讲究的是行为与意识的双重完美，于是大家渐渐倾向于在圆满的月夜开展一系列欢庆娱乐活动。从当时人们的信仰层面说，八月十五日不但是佛教月光菩萨的诞辰，还是道教太阴星君的诞辰，信仰与民俗得以重合，大家便渐渐把与月亮的相关活动放在了中秋那天。中秋节渐渐成了平民百姓普天同庆的民间节日。

中秋月夜组图

桂花组图

习俗

月光下的人们

月光有自己独特的魅力。它极美，特别是在三秋恰半的中秋，那轮比平日更皎洁透亮的圆月与日渐转凉的天气一样，透着微凉的清冷与神秘。它很雅，总是激发着文人雅士的浪漫情怀。圆月那天，不止大自然的潮汐汹涌澎湃，人心中的情绪与才华也会被激发。英语中“疯狂”一词（lunacy）就源自拉丁语 lunaticus，意思是“被月亮击中”。在这片土地上，圆月颇受中国人的喜爱。月光下的人们祈祷着，忙碌着，欢愉着。让人不禁想回到那个将月圆之夜过得盛大又富有想象力的时代。

皇宫中，帝王偕同众臣与月同乐。汉代的未央宫中有三座高台，分别是钓弋台、通灵台与望鹄台。汉武帝在望鹄台的西面建造了俯月台。泛着银光的潺潺流水从台下流淌而过，当天空中一轮明月挂起，圆月的倒影便会在池中若隐若现。皇帝命令青春美丽的宫娥们跳上一条扁舟，她们嬉笑着用纤纤玉手拨弄月亮的影子。这一汪池水被唤作“影娥池”，如仙女般轻盈的宫人们穿梭在高台上，她们的倩影也随着月光一同被倒映在池水中。汉武帝每每从高空中往下望去，只见池中月影婆娑，人影摇曳，仿佛仙人弄月一般。这个场景成为他心中最美的明月夜画卷。

唐玄宗也热爱月亮。后世的小说戏文中，绘声绘色地还原了他在中秋夜与杨贵妃携手并伫高台，发誓要年年望月，恩爱一生的场景。他甚至被记载为历史上第一位“登上月球”的中国人。《唐逸史》一书中写了一个离奇的故事。是年八月中秋之夜，夜凉如洗，霜华遍地，缥缈的笙歌与若有若无的桂花香一同萦绕在宫中。唐玄宗在一位有特异能力的术士罗公远的陪伴下登上了月宫。那位术士一掷手中的板笏，变化出了一座雪白的银色桥梁，桥的那头直通月宫。术士扶着玄宗，踱上桥走了一里多路，越走越寒气逼人，雪凝彻骨，玄宗的衣裳上都沾着寒露。走到一座宏大的城阙前，横匾上写着“广寒清虚之府”几个大字。此处楼殿台阁的形制异于凡间，皆是七宝装饰。罗公远笑着对玄宗说：“陛下，月宫到了。”

如梦似幻的月宫中有数百个白衣飘飘的仙娥，她们或奏乐，或舞动于扶疏遮阴的广庭中，看见唐玄宗与术士走进来，并不惊慌，犹自歌舞。玄宗被仙境的舞乐之音深深感动，觉得他从来没有在世间听过这般美妙的旋律。由于他素晓音律，便默默记下了乐律。在他登月的回忆里，素娥们轻薄的衣裳像极了“霓裳羽衣”。他回到宫中后，即命伶官依其乐律整理成了《霓裳羽衣曲》，让杨贵妃翩翩起舞，成为千古佳话。

君王动用国库的财力在月光下作乐，文人则将哲学思维寄托在月亮之上。他们从那一轮圆满到极致，却马上要回到起点，变为镰刀状新月的轮回上，看到了生命的难以挽留。他们顿悟了月满则亏——事物发展到极点则开始衰退的人生哲理，也懂得了如果想要长乐未央，便不能让快乐太满。人生如能一直维持在爬山却未登上山顶的状态，才能有上升的空间。

文人在望月时迸发了丰富的想象力。在他们的想象中，月中有玉兔，有嫦娥，有冰轮，有桂魄。望月吟诗逐渐演变为月圆夜的风雅活动，隋唐时期颇为兴盛，北宋时期也有月下诗会。南宋在国破之后，国人特别盼望国土与亲人的双重团圆，催生了诸多将情感寄托在月亮上的诗词。文学家们仰望月亮，留下众多传世的诗篇，这些诗篇留下了他们的浪漫与豪迈或心碎与执念。

老百姓们在做什么呢？他们在用一种热闹快乐的方式欢度中秋。

在宋朝，中秋节是普天同乐的狂欢日。宋人在中秋夜的第一要事是找酒喝。金秋时节，为了应节，八街九陌的酒肆纷纷将店面装饰得花团锦簇并上架新酒。一些大的店家高高挂起画有醉仙的酒旗吸引顾客。当时的酒行业正值黄金发展期，不但酿酒术推陈出新，老百姓也爱喝酒。普通酒的价格适中，根据酿造的节令与存放的时间分为几文钱到几十文钱不等。八月正值冬天酿造的“大酒”上新之时，酒肆完全不愁生意，一般还没到正午，便家家拽下酒帘表示售罄。若懒惰一些，出门晚了，还得跟人抢买一壶酒。这种争相买酒的盛况，不亚于现代小富之家在新年期间抢一瓶茅台酒回家欢饮。

有了酒，还得买新衣裳。无论贫富，过节的仪式感总不能少。大人穿得光鲜靓丽，通宵玩乐。有人逛夜市花钱取乐，有人登高台临轩弄月，还有人访瓦肆听歌饮酒。街坊闾邻的小童们聚集在一起嬉闹到天明。宛若云外妙音的丝竹之声悠扬地飘荡在城内，直到月落天明。

不出门的宋人在自家的庭院或露台上摆一桌家宴，主人备下螃蟹、石榴、栗子等时令食物，作为下酒菜。一边赏月，一边举行拜月活动。宋人在庭院中焚香祷告，祭拜月神，默念心愿，以求得保佑。由于三年一次的秋闱大试安排在八月里举行，家中若有男子要考取功名，会虔诚地祈求“早步蟾宫，高攀仙桂”。有诗人戏谑：“时人莫讶登科早，自是嫦娥爱少年。”女子对着嫦娥仙子许愿，希望自己能与她一般面如皓月，美丽无双。已婚夫妇则祈愿“多生贵子”。拜月的习俗如今在中国南方还很盛行。我去潮州地区体验节日氛围时，男子已经不参与拜月，都是女子与儿童在对月祈愿。

那位性格有趣的文学家苏东坡先生在杭州当官时，曾偷偷在中秋夜溜到城外看钱塘江的潮水。每年八月，钱塘江的潮水受到月心引力的影响，如发怒般汹涌澎湃，是一年内最壮观的景致。苏东坡住在郡斋，靠近钱塘江。为了去看潮水，夜里他嘱咐看管城门的官吏通融一下，遇到他时下锁放他出城。他看到了浪潮滚滚呼啸而来，潮音震耳欲聋，直慑人心，心中豪迈之情激荡不已。

《八月十五日看潮五绝》

其一

定知玉兔十分圆，化作霜风九月寒。

寄语重门休上钥，夜潮流向月中看。

其二

万人鼓噪慑吴侬，犹似浮江老阿童。

欲识潮头高几许？越山浑在浪花中。

其三

江边身世两悠悠，久与沧波共白头。

造物亦知人易老，故叫江水向西流。

其四

吴儿生长狎涛渊，冒利轻生不自怜。

东海若知明主意，应教斥卤变桑田。

其五

江神河伯两醯鸡，海若东来气吐霓。

安得夫差水犀手，三千强弩射潮低。

到了南宋，观潮成为一种风尚。靠近钱塘江边的楼屋在中秋节一房难求，炙手可热，王公贵戚等有权势的人会特地去租赁江边的楼屋作为观潮的地点。每年从中秋前夕到八月二十这几天内，城内车马济济，一路拥堵，城民都涌向钱塘江边。江边的十里堤岸，珠翠罗绮闪得晃眼，连一席空地都找不出来。各种饮食供不应求，物价飙升。

人们看着潮水从远处如同一条银丝般婉转，越近越凶猛，好像雪山即将坍塌般壮观，潮水呼啸的声音如雷霆万钧，有吞天沃日的气势。大家纷纷为这一年一度的盛事鼓掌叫好。由于每年观潮人数众多，新的商机不断涌现，一些精彩刺激的商业弄潮表演应运而生。有兴趣的人需提前预订与支付酬金，当日坐在观赏位置上观看表演。钱塘江中，数百个善于泅水的表演者，披散着头发，身上纹有鱼类的文身，手持十幅大彩旗，争先鼓勇，溯迎而上。这些表演者的水性之好是现代人无法想象的，古书中记载，他们如同鲸鱼一般在万仞波浪中腾身百变。

官府在钱塘江上举行的军事演习更加壮观、夺人心魄，时间为每年八月十八日。《武林旧事》中记载：每年农历八月，京都临安府长官来到浙江亭校阅水军，数百艘具有良好防护的进攻性快艇分列两岸，时刻准备着演习五阵。水军技艺高超，在水面上骑马挥旗，举枪舞刀的军官如履平地。倏尔黄色的烟雾从四面升起，观众看不清水上的人和物，可见度极低，只能听得见如山体崩塌般轰鸣的水爆声，待风烟俱净，水波停歇，一艘战船的踪影也没有了，只剩下被火烧毁的“敌船”，随波而逝。

真想回到宋朝，看一次钱塘江上气势恢宏的军事演习。与激情昂扬的弄潮表演不同，城内的湖面平静如镜。数十万盏灿如繁星的羊皮水灯浮于水面，它们有个很好听的名字，叫作“一点红”。灯烛华灿，水波荡漾，一盏水灯承载着人们的祝福与思念。

翻过宋代中秋这一页，中国诸多地区的中秋习俗都饱含诗意。当男性在参加各种欢宴，踏月笙歌时，旧时江苏地区的女性用一种娴静的方式庆中秋。月色下她们钗头颤袅，裙摆摇曳，结伴走过一座又一座的小桥。这种庆祝方式叫作“走月亮”。江苏女子走月亮时，至少要走过三座不同的桥，走三桥意味着避灾、祈子、求福。

广东人有在中秋节燃灯以助月色的习俗。街上到处挂满彩灯，许多人家用绳络将竹条扎成的灯笼绑在高高的竹竿上，有心者竖的灯笼高达几丈，灯笼形式多样，鱼虫鸟兽、元宝龙凤都有。小孩子会在旗杆上挂两个红灯笼握在手上巡街。满城流光溢彩，如同琉璃月宫。有种富有情趣的传统，叫“树中秋”（又称竖中秋），“灯树千光照，明月逐人来”的盛景不止在元宵节才能瞧见。

ba
八
yue
月
shi
十
wu
五
中

美食

月饼：饼儿圆与月儿如

唐宋时期，百姓倚节应景的点心还不是月饼，而是一碗叫作“玩月羹”的甜汤。秋日的食材皆来自夏日离去时的馈赠，这碗“玩月羹”的食材中有莲子、去年晒干的桂圆与藕粉。厨师将莲子煮烂放在一旁备用，将搅拌均匀的藕粉慢慢倒入沸水锅中，随着红碳噼啪作响，水与藕粉融合，呈现晶莹的半透明状。此时倒入莲子与桂圆，再撒上些许应季的桂花，一碗芳香四溢的清甜羹汤便上桌了。吃一口玩月羹，品一口美酒，对酒当歌醉逍遥。

如今我们最熟悉的中秋月饼，前身是来自西域的胡饼。张骞出使西域时，从西域引进了芝麻（当时称为胡麻）和加入胡桃仁的饼，因此，以后凡是用炉烤制并撒上胡麻、夹胡桃仁的“饼”都被称为“胡饼”。胡饼属于馕的一种，体型略小些。传说当年玄奘取经穿越高原与沙漠时，身上带的食物就是胡饼。随着时代的发展，胡饼也在发展。西域人游牧、打仗时为了图方便，在馕饼中夹羊肉，骑马时也能吃。唐高祖武德年间，边寇犯境。李靖挂帅出征突厥，大获全胜，于中秋节凯旋。长安内外通宵欢庆，高祖设宴款待功臣，也邀请了一些外族人，显示国运昌盛。一位来自吐蕃的商人献饼祝捷，高祖取出圆饼，手指明月笑曰：“应将胡饼邀蟾蜍。”

胡饼在中原渐渐变得精致与多样化。人们开始在饼中包各种馅料，花色空前繁多。金银炙焦牡丹饼、枣箍荷叶饼、芙蓉饼、菊花饼等种类饼层出不穷。当时月饼这一名字已经有了，但不是中秋的时令食品，与其他饼类一样，四季皆流行。宋代宫廷里流行中秋节的时候吃“宫饼”，民间俗称这种饼为“小饼”或者“月团”。苏东坡有句诗：“小饼如嚼月，中有酥与饴。”大致说明了此类饼的馅料是由饴糖和酥油两者相拌而成。由它搭配一杯清茶，堪称秋日月下的风雅享受。

月饼成为中秋的应节食物是在元末明初。人们不堪忍受元朝统治阶级的残酷统治，纷纷起义抗元。朱元璋联合各路反抗力量准备起义，但朝廷官兵搜查得十分严格，传递消息十分困难。军师刘伯温便想出一个计策，命令属下把藏有“八月十五夜起义”的纸条藏入小饼里面，再派人分头传送到各地起义军中，通知他们在八月十五日晚上起义响应。到了起义的那天，各路义军一齐响应。很快，徐达就攻下元大都，起义成功了。消息传来，朱元璋高兴地连忙传下口谕，在即将来临的中秋节，让全体将士与民同乐，并将起兵时用于传递信息的“月饼”作为节令糕点赏赐群臣。中秋吃月饼自明朝起成为全民共同的饮食习俗。

当今的月饼口味南北差异较大，流派分明。

江南人爱吃苏式月饼。苏式月饼面皮酥嫩，如同一张张薄纸。其脆皮松而不散，薄如蝉翼，吹弹可破。藏在江南巷弄里的面点师会依照古法分开制作两种面团，先用小麦粉、饴糖、猪油、水等制皮，然后用水油面皮包甘油酥心，层层叠叠，反复按压直到均匀。

包馅的馅料分咸、甜两类。甜月饼是将玫瑰、豆沙、百果等馅料包进面皮后烘烤出炉。咸味的馅料是香葱猪肉、猪肉火腿，烹饪时以烙为主。我小时候吃苏式月饼时，最怕酥皮掉落得满地都是，被家长说吃没吃相。如今，一口热烘烘的苏式月饼成为中秋抹不去的乡愁。

广式月饼与苏式月饼的饼皮大相径庭。厨师将油、糖浆、碱水及盐放入大锅中，加热糖浆使其变稀。筛入面粉后拌匀，做成的月饼皮软而不塌，静置几小时以上才能用。广式月饼以饼皮薄、馅料多而闻名。揉搓成型后，放入月饼模具中，一按一扣之间，美丽的纹样便印在了月饼上。

广式月饼的馅料中，口味争议最大的是五仁月饼，有人吃不惯，也有人爱吃。五仁分别是核桃仁、杏仁、花生仁、瓜子仁、芝麻仁。厨师将五种料炒熟后去皮压成碎丁，最后加入白糖调制而成。这道月饼馅料中蕴含着中国人千年来的道德信仰。中国古代有“仁、义、礼、智、信”五种道德准则，“五仁”正好与之谐音。美食中蕴含了中华民族的美德。

京式月饼代表了北方的月饼口味。有一种名叫“自来红”的月饼颇有特色。它的内馅由桃仁、冰糖、桂花、青红丝等组成，口感甜蜜，香气四溢。由于它用料不粘荤腥（面皮不用猪油而用植物油），因此不只成为百姓口中的节令美食，也是中秋节嫦娥仙子派来下凡惠民的兔儿爷贡桌上的祭祀食品。

月饼来自江湖，各地区都有拿手的特色月饼汇入洪流。人们钟爱并传承着节日食品，流露出对古老文化的敬仰与深情。

自来红月饼

广式五仁月饼

游历

潮州：桂花梢下思团圆

五岭以南，素称岭南。岭南文化是当地人民千百年来形成的具有鲜明特色的地域文化，它为古老的中华文化提供了多样的个性元素。潮府展现了岭南文化的风貌与精髓。潮汕地区位于广东与福建的交界处，三面背山，一面向水，历史最早可追溯到秦。《十道志》曰：“潮州，潮阳郡民。亦古闽越地。”岭南古越族人的原始技术，经由华夏文化与中原艺术的滋润，形成了鲜明的地方特色，处处透着晋唐遗风。

久闻潮州是中国传统文化的一方自留地，节日期间尤其热闹。我在中秋节前一日抵达潮州，拜访朋友惠玲，想体验一下原汁原味的潮州中秋夜。

惠玲家住在潮州乡村的一栋老厝中。潮州传统建筑有“金、木、水、火、土”五类墙头，对应了“圆、陡、长、尖、平”五种形状。它的成型来自中国文化中“相生相克”的五行风水哲学。沿山墙两边斜向的斜脊俗称“垂带”，以深灰色为主，伴有凹凸变化，突出了建筑的立体轮廓。她家很好辨认，大门上绘有一对颜色鲜艳的门神。门口挂着两只涂刷了上好桐油的竹编灯笼，因为潮语“竹”与“德”同音，取其好意头。“灯”在潮语中发音如“丁”，代表人丁兴旺。凹斗门楼的四周墙壁嵌满装饰，早年的工匠将戏剧故事或雕刻或彩绘之后做成挂屏，嵌入墙壁。

由于父母都已过世，惠玲独自支撑着家里传下来的金漆木雕的店铺，还带着一个不满 14 岁的幼弟一起生活。我拖着行李箱站在她家门口，还来不及敲门，一只男孩子的跑鞋伴随着灰灰的足球在空中划出一道弧线从她家院子朝门外飞来，落在我的跟前。半分钟不到，男孩子清脆的叫嚷声便由远到近地传来了，一个纤瘦的、留着寸头的机灵鬼冲出来找球。看到我后愣了一下，朝门内喊：“姐姐，你说了一天的客人好像到啦！”

惠玲急忙走出来，她带着袖套，手里还拿着一把雕刻用的斜角钢刀。她看到我后高兴极了：“你终于到啦，哎呀，刚刚惠钧这个小霸王在院子里乱踢球，没碰着你吧？我在做工夫（干活），也没管他。”一边说着，一边引我入门。步入大门后是一个天井，我抬头看，被潮州老厝的美丽惊讶到。屋顶与天井檐下装饰着晶莹透亮的彩色嵌瓷，以具有吉祥寓意的香橼与鱼虫为主。据说这项手艺是一位建筑匠人偶然用彩色瓷片做草花造型代替彩绘，后发现它久经风雨和烈日暴晒仍不褪色。抬头看天，俯仰之间，都是潮州人特有的生活境界。位于天井后方的工作室是金漆木雕的世界，她作为家中的第五代传人，雕琢的珍禽异兽活灵活现。在精雕细琢中展现木雕浓丽的现世情怀与风流文雅。

时间尚早，我问她有什么应节的准备工作我可以帮忙，她转头嘱咐惠钧好好做功课，然后约我一起出门到集市采买明晚拜月娘的物品。拜月是中华文明的传承，元代大戏剧家关汉卿就写过一篇《拜月亭》，《西厢记》里的崔莺莺也虔诚地对月神倾诉希望遇到意中人。潮汕地区由妇女与孩子参与拜月娘，中秋月下，在贡桌上摆放与自己心愿相关的物品并对着月亮许愿。若女子想要肤白貌美，就在贡桌上放一些化妆品。若想让小孩读书好，家长会在桌子上放上课本、文具。

村里的节日气氛浓郁，主街上的钱财铺门口堆着高高的金银纸塔。纸塔属于手工艺品，工匠使用金箔纸或银箔纸巧手折叠，成为元宝造型，再层层垒叠成莲花塔、竹笋塔等特定形状。潮汕人的钱财店内卖的纸钱细分得很严格，光种类就有“大金”“小金”“银锭”“福钱”“说话钱”等。不同的钱财会在不同的场合（拜老爷、祭祖先、过佳节）搭配使用，据说这样效果才好。过年、元宵、中秋等喜庆的节日供奉的是“大金”“银锭”和用它们堆成的纸塔。

惠玲同我说：“纸塔是我们潮州人中秋夜拜月亮的主要贡品。以前妈妈还在的时候，她去街市买来很多纸钱，然后亲手折叠成各种不一样的造型，折完后，十根手指都被金粉染得发光。村里人都说她手很巧，许多人向她请教怎么折出好看的造型。她还会用从树上剪下的带枝叶的油柑扎成活灵活现的孔雀放在桌上。我现在是太忙了，要赶工木雕活计，还要看顾弟弟，没空自己折，好在钱财店节前会卖成品纸塔。”她预定了两座莲花塔和两座帆船造型的纸塔，店铺老板亲自开电瓶车送去她家。

我们又来到蔬果店，潮州的秋日体感炎热，但水果种类却琳琅满目，各种果实刚好成熟，非常可口。柚子、杨桃、菠萝、红梨、林檎、龙眼、红柿等竞相上市，它们都是中秋拜月的佳品。

“中秋节又被我们叫作水果节，水果品种多得一个月都吃不完。拜月的蔬菜和水果里，芋头和柚子必不可少。传说元末汉人起义，在八月十五的夜晚，汉人在起义后，便以其头祭月。后来每年中秋节便用芋头代替人头祭月，至今还有些地方在中秋节吃芋头时把剥芋皮叫作‘剥鬼皮’。柚子的‘柚’与‘佑’谐音，也是希望月亮保佑的意思。”惠玲照顾我这个外乡人不懂潮州人复杂的拜月仪式，一边采买，一边和我细细解说。

到了面点摊铺，惠玲挑选了洁白如玉的满月糕。满月糕名副其实，直径有圆盘那么大，面皮轻薄又细嫩，宛如皓月，是献给月亮的贡品。另一款潮汕特色月饼叫朥饼，“朥”潮州方言指猪油，潮州人使用独到的配比创造出一种肥而不腻的口感。厨师将猪油掺面粉作皮包，内馅有乌豆沙与绿豆沙等口味。现在的商铺都爱在乌豆沙中加入蛋黄增添口感。销魂的猪油香与松脆的酥皮一同入口，幸福感满满。朥饼的最佳拍档是工夫茶。油酥香的朥饼和苦后回甘的潮汕工夫茶先后入口，完美中和了饼的香腻与茶的清苦，二者称得上是绝妙的搭配。惠玲还买了一包书册糕。拜月时贡上书册糕是因为那小片糕体犹如古代书籍中的竹简片，据说小孩子吃后会变得聪明上进。惠玲对顽皮的惠钧充满了爱。

中秋节一大早，家家户户在门口摆出铁桶烧纸钱给祖先，潮州人的中秋节全天都在叩拜中忙碌着。一早先拜家中祖先，午饭后拜供奉在宗祠中的先贤，下午拜小儿的保护神——床头婆，晚上八点开始拜月娘直至凌晨。铁桶中跳跃的火舌将惠玲思念亲人的脸庞映得哀伤凝重，就连平日里欢脱的惠钧也沉默不语，安静地递给惠玲纸钱。

中午，宗祠的门开了。宗祠是潮州人心灵与情感的寄托圣地，也是村里建筑美学的巅峰之作。村民们聚集一起，虔诚地与祖先对话并上香。待他们陆续散去，我进去参观。走进拜亭，抬头看，我忽然发现惠玲传承的金漆木雕民艺是那么美轮美奂，所有的精华都聚集在拜亭与梁架上。梁架的结构为潮汕传统的“三载五木瓜，五脏内十八块花坯”。梁上雕有龙头屐、龙头引雾、狮头等雕饰，雕刻得极其精巧。拜亭以龙头屐为分界，梁上饰以“齐龙头”“蟹”。它们双双对对，形象逼真，周边围绕着密密麻麻的戏剧人物雕饰。工匠的巧思将呆板的梁架变得灵动，极具艺术表现力。最妙的是倒垂着的木雕花篮，层层镂空，玲珑剔透。这个作品代表了潮州木雕在雕刻上的独有特色——镂通雕。工匠们在精雕细琢后，会为艺术品贴上纯金箔。欣赏老建筑中的金漆木雕刻作品时，会为那时光带不走的耀眼光辉所驻足。

这座宗祠的木雕还有个故事。当年村长请了两套班子雕刻梁架装饰，收工时全体村民前来评比，谁雕得更好就给谁更多赏钱。惠玲的爷爷参与雕刻左侧。工期中，两套木匠班子在祠堂中心围挡一幅大竹帘，直到木雕贴上金箔并采用榫卯方式严丝合缝地拼合，装上梁后才揭开帘子。我问惠玲谁最后得奖了，她笑笑说：“都是一个村的木匠师傅，为祠堂献力，其实是合作竞争关系。右侧狮头雕得好些，左边龙头雕得好些。有两套班子竞争的传统，才有了精益求精的动力，也算是潮汕的特色吧。”

宗祠附近的空地广场中，用砖瓦砌成的空心高塔特别惹人注目。它看上去像烟囱。数千块砖按“品”字形垒起来，高达十米有余，塔的顶端是瓦片，底部有一扇小小的窑门，俗称“火门”。三五个壮年人搬运茶火，堆在高塔周围。我好奇地跑过去询问其用处。他们与我说，夜晚等大家拜完月亮后，会点燃它，到时候的盛景可是中秋节的高潮，让我保持期待，夜里再来看。

是夜，清辉一寸寸地爬上树梢，天空深邃如墨，幽暗的土地被光华照亮。落桂如雨，空气中的甜香沉沉地往下压，惹人徘徊于香径之间。村民们陆续从家里搬出了木桌与棉垫，装点起贡桌。不只在家门口，宗祠前的广场上也放有大家集体献上的贡桌，方便路过的旅人拜月。

惠钧同一群邻里家的小孩嬉笑着在广场上奔跑打闹，惠玲忙着布置拜月的贡桌。除了放置我们昨日采买的果饼、纸塔，惠玲还拿出了几根手指宽的香与莲花灯，为的是彻夜燃香。又取来一碗清水，一簇枝叶漂浮于上。清水的用途是在拜月仪式结束后沾水轻轻泼洒双手，寓意驱除邪魅，来年平安无事。

许愿的物品是拜月贡桌上入世的象征，代表着人们的实际愿望。我在巷弄中兜了一圈，女子放置的许愿物真是五花八门。化妆品与衣物已经是“普通款”，银行卡、房屋钥匙、车钥匙，甚至打印着“求男友”的纸张皆有。小孩的物品清一色是奖状或文具。惠玲跑去问人借了一张“求男友”的纸，又摆上了木雕工具与惠钧的书本。夜色渐浓，时针转向八点。惠玲召唤惠钧回来拜月，小男孩趁姐姐不注意，将手机中的游戏打开，放在贡桌上默念：“希望月亮娘娘保佑我冲关成功。”惠玲见状气不打一处来，揪起他的耳朵骂：“你天天给我整一出戏对吧，小心我把你的手机没收！”惠钧不停求饶：“姐姐别这样，我重新许愿考第一行了吧。”

隔壁街道的阿姨也对月许愿，期盼疫情早日结束，在国外打工的儿子能早日回乡看自己，她的先生在一旁默默擦泪。她祈祷的神情诚恳得让人心疼，明月下有太多人怀揣着一份对亲人刻骨铭心的思念。

村民们的拜月仪式陆续结束，以家庭为单位围坐在一起赏月。许多在外务工的年轻人赶在中秋节前回家。对潮汕人来说，没有什么比和家人们在月光下吃腭饼、喝工夫茶更应节的活动了。

惠钧在邻居家串了一圈门，意兴阑珊地回到家，拖着腮坐在圆桌前愣愣地不说话。惠玲蹲在他面前，抚摸着他硬邦邦的寸头说："你这孩子咋了，大过节的好像不太开心？"

惠钧用漆黑乌亮的眼睛望着姐姐说："姐，我去小伙伴的家，看到他家好热闹。乌压压的一群人围坐在桌子前，吃朥饼和满月糕。同学和我说，今夜是团圆夜，一家人就要齐齐整整。可是我回到家里，就我们两个和一个来做客的阿姨，爸爸妈妈都不在了，别的亲戚也没来家里。一点也不热闹，一点团圆的意思都没有。"

惠玲凑到惠钧面前坐下，温柔地拉起他的手，围成一个圈说："宝贝，只要我们姐弟还在一处，我们就是团圆的。"

惠钧被姐姐温暖的手握着，心也变暖了，他开始揉搓姐姐掌心中粗粝的老茧。惠玲继续说："我们家也不是只有我们姐弟两人。你忘记了吗？叔叔一家定居在马来西亚。语文老师有没有教过你'但愿人长久，千里共婵娟'这句词？只要叔叔一家平安健康，不管相隔千山万水，都可以一起看到中秋节的月亮。我们心里挂念着对方，也是一种团圆。"

话音未落，惠玲的微信视频提示音响起，叔叔一家对着两姐弟挥手，手机屏幕被撑得满满当当。

"惠玲，惠钧，今年有疫情，叔叔家不能回潮州陪你们过中秋节了，抱歉啊！不过我们很想念你们，怕你们两个过中秋冷清，所以寄了很多礼物回家，等清关完成你们就能收到了。惠钧你要好好读书，别给你姐捣乱，她很不容易。等你到了十五岁，叔叔回来给你操办一个热闹的出花园仪式（潮汕地区的成人礼）。惠玲啊，叔叔在马来西亚有不少华人朋友，有些人想在家宅中装饰金漆木雕，我就赶紧推荐了你的店铺，也算是在海外照顾一下你的营生。你们是叔叔的亲人，就算相隔得远，我还是要尽可能看顾好我的侄女、侄子。”

惠玲不停点头，悄悄地抹眼泪。

我踱步走出惠玲家，将与亲人述衷肠的空间留给他们两姐弟。他们家街坊多为四代同堂，热热闹闹地齐聚一堂。与他们相比，惠玲一家略显冷清。但就像一年之中有 12 个满月日，不同月份的圆月在人的眼里有大有小，所以每家人的圆自然也有不同的大小。惠玲家的圆现在是小了些，但等他们姐弟各自有了家庭，所有人的手再围在一起，是不是圆就变大了？

我坐在街心花园，望着近在眼前的月亮，对中秋节因采风离家而感到愧疚。从古至今，中秋与过年一样，是最讲究团圆的节，寄托着中国人世代传承的情感。月光是一根无形的线，将分散在平原、大山、海岛、沙漠的亲人、挚友的心紧密相连。所以人们总喜欢依偎在一处在赏月，从圆月中得到心安。

我庆幸生在这个时代，与古人只能抬头望月相比，如今我们的赏月方式更为多元化。来潮州的航班被命名为“赏月航班”。我坐在靠窗的位置，发现月亮明明那么远，飞机飞行时却给了我一种可伸手摘月的错觉。家人为了慰藉我的思念之情，视频给我看上海的圆月。它挂在陆家嘴东方明珠的尖顶上，如夜明珠一样浑圆可爱。空间转换，潮州老厝嵌瓷上的那轮圆月也传送到了家人的眼前。

当满月渐渐攀上屋顶，大家汇集在宗祠前的广场上，一根麻绳拉开了村民与瓦窑塔的距离。白日的柴火早已被塞进塔下的火门之中并淋满了油，几个中年男人不停地提醒马上要点燃瓦窑，让大家保持安全距离。

中秋夜烧瓦窑是潮汕地区的另一个重要习俗。烧瓦窑有两层意思：一是纪念当年人民约好以燃放烟火作为杀掉元兵的信号；二是因潮汕方言中“瓦”与“蚁”同音，烧瓦塔读成烧“蚁”塔，代表把蚂蚁烧死，如此百姓来年就能不被蚂蚁虫害所扰。

“唰”的一声，柴火被点燃，火焰从底部慢慢上升。那几位男子用远程喷雾器向瓦窑喷油，火势骤然旺盛，火舌冲出塔顶。由于瓦窑塔外部是砖瓦垒叠的，有镂空的缝隙，从远处看就像一座熊熊燃起的火焰山。待顶部瓦片被烧得变红的时候，各家各户都拿一把盐，朝着火窑撒去。惊呼声、感叹声、火窑遇盐后噼里啪啦的爆裂声环绕在广场上。原本清冷的夜空被火烧得红彤彤的，月的冷与火的热在隔空拉扯，正如人的美好心愿与现实挫折在不停地抗争。

我至今无法忘记中秋夜烧瓦窑时惊险壮观的情景，也迷恋着潮汕人充满仪式感的中秋节，他们延续了几千年的传统，使月色之美不被辜负。愿每年八月十五日，当人间百姓仰头看月，月光所至之处皆能如愿。

屋檐上的嵌瓷

宗祠外观

梁枋上的金漆木雕

潮汕中秋朥饼

潮汕满月糕

工夫茶

书册糕

第八章

岁月欢

dong 侗 nian 年

掠过鼓楼的天籁

溯源

侗年的来历与萨岁

每年农历十月底到十二月初，在贵州黔东南美丽的侗寨中，会陆续传来芦笙激昂的乐调与侗族大歌清亮的歌声。每个寨子按照自己安排的日期过起热闹的侗年。

侗年的传统习俗蕴含了来自远古的神秘与绮丽，它的地位与汉族的春节相当，是一年起承转合的重要节日。侗家人每年要过两个年，第一个是农历冬至前的侗年，第二个是春节。侗年在侗语里称“凝甘”，就是“冬天过的节日”。金秋之后，寒冬来临，晒在禾廊上的稻禾被收进粮仓，侗家人终于从忙碌了一年的田地中退出，有空围坐在火炉前休憩。

庆祝丰收、吃冬祭祖的需求被提上了日程，骤冷的气温也急需用节日来烘暖，于是侗年应运而生。不同地区的侗族人过侗年的时间先后不一，但过年时最重要的习俗是统一的，那就是要虔诚地祭拜老祖母“萨岁”。

在侗族人民心目中，萨岁的地位至高无上。侗语称“祖母”为“萨”，她是保护神也是老祖母。关于萨岁的传说在侗族的歌声中口口相传。老歌师说，古时侗族一个女首领为了反抗恶势力苛酷的盘剥和压迫，举起义旗，身配宝刀，率领侗家子弟为保卫自己的山寨和父老乡亲而奋起抗争。后因寡不敌众，兵败被围，她毅然跳下悬崖，壮烈殉难。这位女英雄就是侗族人心目中的萨岁女神，之后每逢过年与重大事务，大家都要在祭坛随着管萨者一同表达对萨岁的尊敬与缅怀。

奇怪的是，萨岁作为侗家人的精神寄托，并没有留下画像或者雕塑。行走于侗寨中，我甚至很难找到关于萨岁的任何图腾。历史上，侗寨自主管理，制定各类规则。这些规则与萨岁崇拜无关，全部来自百姓的实际生活需要。如此看来，萨岁是象征性力量，她的最大作用是道德的警钟。侗家人坚信自身的所作所为与思想都在萨岁的监管之中——行善，报以福祉；行恶，降临灾厄。若自己遇到举棋不定的事情，也会跪在萨坛前默默倾诉，只要对着老祖母说出来，内心便能得到纾解。

正如每年侗年时，寨老手提纸伞前行，模拟萨岁为侗人引路。在萨坛上，纸伞半开半合，犹如一把保护伞一样护佑人间，在人们的思想中，纸伞与萨岁合二为一，越变越大，成为侗族人行为准则的主心骨。

烤火的祖孙

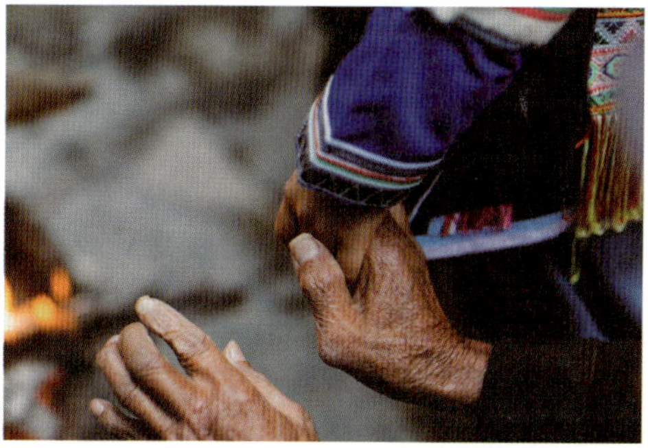

建筑

心归处，鼓楼与祭萨

肇兴侗寨是贵州黔东南地区最大的侗寨群。五座奇伟壮观的鼓楼坐落在旷远的山谷中，为肇兴侗寨平添了气势磅礴的风景。每年农历十一月初一是这里过侗年的日子。我在侗年前抵达，山中的天气阴冷得像能拧出冰水的湿毛巾，凌厉的山风如刀锋般割裂着裸露在羽绒服外的皮肤。

当我看到鼓楼一楼的木栏内影影绰绰的昏黄火光，闻到火塘灼烧木头传来的踏实的香气时，忍不住冲了进去。和蔼的老人挪了挪身子，让我坐在他身边一同烤火。火焰的温度渐渐融化了鼻间的冰霜。我不停发抖的身体松弛了下来。火塘的暖与人们互相依偎的暖，让鼓楼充满了温柔、安定的力量。

侗族谚云："先建鼓楼后建寨。"鼓楼必须是村寨内最高、最核心的建筑，在此生活的人们需要在寨子中的任何一个角落都能看到它高翘的飞檐，听到它浑厚的鼓声，只有那样，他们才会觉得心安。

鼓楼最早是侗寨放鼓的楼，人们起款定约，凡有火灾或遇外敌，寨中头人都会登顶击鼓通知大家。人从底部往上望，数根坚固的杉木支撑着它的建筑结构，梁柱拔地凌空，排枋重合交错，上下吻合。最高处是连串葫芦式的顶尖，笔直地刺向天际。顶楼通常用于放鼓，中部类比宝塔，层层叠楼，两侧延伸出去的飞檐与间隔的封檐板上是艺术的天地。侗族工匠将精湛的建造工艺与精美的装饰艺术相结合，无数代表民间生活与传说的彩绘，比如踩歌堂、吹芦笙、吃新米等场景，在这条凌空的画布中活了起来。檐角上常卧着盘龙或站着弹六弦琵琶的歌师，这些栩栩如生的泥塑美得让人挪不开目光。它们诉说着侗族祖先的艰辛，也牵扯着游子的心。

鼓楼底部的空间为正方形，放有多条结实的长凳，是闲适的客厅。夏日，墙壁上的木柜子打开便是电视。夕阳西下，晚餐之后，寨民们坐在一起看电视成了大家喜爱的社交方式。冬日，熊熊燃烧的火塘逼退楼外寒冷的空气，鼓楼一楼像是一个吸铁石，引得人不由自主地来火前团聚。

在鼓楼周围，有萨坛、花桥、戏楼、瓢井（盛泉水的石斗，左右各有凹槽）等功能性建筑，满足了寨民的诸多公共需求。楼前有青石板铺设的岩坪，称为“芦笙坪”或“鼓楼坪”，侗家人常聚集于此唱歌跳舞。寨中若有婚丧嫁娶之事，人们都要在鼓楼聚集，办各类仪式。伟岸、牢固、稳定、美丽的鼓楼是寨子的心脏，也是侗家人最爱去的地方。

肇兴侗寨五座鼓楼的汉语名字分明为“仁、义、礼、智、信”再加个“团”字，分别由五个团寨管理。今日让我汲取温暖的鼓楼是肇兴侗寨的礼团鼓楼。它为重檐攒尖顶，八角十三层宝塔式建筑，高二十二米左右，建于明清。让我诧异的是，作为建筑师的掌墨人，仅凭借丰富的经验，用一张平面图、一套墨斗、一根匠杆，就能计算出如何通过榫卯衔接固定梁木、层高如何转化等诸多复杂的事情。这样非凡的智慧太值得人尊敬了。

肇兴侗寨的侗年要连续庆祝三天。侗年第一日，最重要的仪式是祭萨。星光刚刚隐去，早起的人们忙碌地为仪式做准备。灰白色的烟雾从柴火大灶或糯米蒸笼中升腾而出，袅袅地围着鼓楼上下漂浮。

在侗家人的意识中，祭萨便是祭老祖母，全寨都要参加，仪式很隆重。妇女们忙着做准备工作。她们将混合了彩色花汁的糯米饭蒸熟，塞进饭篓。又将一小坨一小坨的糯米捏成花瓣形状，插在竹枝的分梢上。这些代表了冬日鲜花的装饰会依次插在玫红色或姜黄色的糯米饭上方，与饭篓一同敬奉给老祖母。我全程在一旁看着，觉得颇为有趣。一位和蔼的大婶往我手心里塞了一团晶莹软糯的糯米饭与一块咸鲜的腌鱼，示意我与她们一同抽空吃个早饭。

我心头暖暖的，找了个火堆一边烤火一边吃。有一位特地从外地赶来观摩侗年的游客着急地问，祭萨仪式具体几点开始。妇女摆摆手说："确切的时间我哪里知道，祭萨是我们的家事又不是表演。等大家全都准备好就开始，通常在早上完成。"那一刻我觉得城市中的时间以小时、分钟、秒来精确衡量，每件事情的时间要严丝合缝地约定好，是多么的令人紧绷。在这个寨子里，大家依旧很勤劳，但没有人焦虑。时间的度量只是用早上、中午、晚上来大致框定，反正家家户户都认识，有集体活动时知会一声便是。这种不匆忙、无压力的生活，不正是人们向往的世外桃源吗？

侗寨的美好不只是节奏慢，还有人与人之间的不设防。比起城市中的人早已习惯的背对背独自生活的方式，这里的人更喜欢面对面社交。

无论认识与否，只要你够礼貌与友善，总会有人给你留一口食物或留一个烤火的座位。

大约上午十点，另一边忙碌的男人们完成了摆祭台、杀牲畜等准备事务。几位包着三角头巾、身穿传统服饰的寨民沿街敲锣打鼓，吹起芦笙——祭萨仪式即将开始的信号。瞬间五大团寨的人都整理好衣服，聚集在自家鼓楼前。他们按照辈分与性别有序地排成一条长龙，五支长龙再会合行走。祭萨师、寨老、老人们身穿团锦长衫，头戴礼帽，走在队伍的最前方，乐师吹着芦笙为他们开道。这条长龙围着五座鼓楼缓慢地游行，整座寨子都能听到芦笙飘摇的曲调与队伍踏实的脚步声。

萨坛设在最后一座鼓楼处，队伍在广坪前停驻。主祭人将原本放在竹篮中的纸伞慎重地抱在怀里，咏颂片刻后，微微打开纸伞，使其呈半开的形状，安放在一座八角形萨坛上。萨坛是一个用泥土堆成的圆丘，安放大铁锅，供奉蒲扇、草鞋、衣物等。上有锅盖，半开的伞被称为“撑天伞”，代表了“老祖母”永在的象征性力量。

只有几位德高望重的老人能随着祭萨师进入圣母堂，其余人在广坪上静默并恭敬地等待。祭萨仪程和咒语作为祭师的“秘辛”，仅在父子中薪火相传。

当老人们出来后，鼓楼坪的气氛变得欢腾与热闹。男子手搭肩，女子手拉手，各围成圈，载歌载舞，用歌声赞颂“老祖母”，倾诉无尽的怀念。歌舞之后，一些青壮年男女扮成款兵（侗族的士兵），他们身佩弓弯利剑，腰束青色布带，脚穿草鞋，手持刀枪长矛。第一发高升响起时，“款兵”们立即齐集“萨坛”，每个“款兵”轮流向“老祖母”敬一次茶。当第二发高升发出巨响时，“款兵”冲向寨门外的田畴，模拟打枪炮的战斗姿态，尾随而来的是民众们的呐喊助威声。“款兵”在郊野奔跑，作追击敌人状，并用枪杆戳稻草扎成的人头，表示割取了敌人首级，然后雄赳赳气昂昂地回村，男女老少夹道欢迎。

等人群散去后，我再次仔细地看一眼鼓楼，它下宽上窄的形态居然与萨坛上半开的纸伞如此相似。萨岁是伞，鼓楼也是伞，它们一同为侗家人的心灵与肉体遮风避雨。

鼓楼上的泥塑 弹琵琶的人

鼓楼上的飞檐

侗寨内的鼓楼

shi
十
yue
月
di
底
侗
十
一
yue
月
chu
初

肇兴侗寨

鼓楼底部的烤火人

踩歌堂

糯米饭上的花枝

祭萨的队伍

抱着伞的祭萨师

祭萨的队伍

祭萨时的伞

习俗

奇特风趣的『抬官人』

“抬官人”是南部侗族同胞的一项重要民俗活动，侗语叫“店宁蒙”。

陆村长跟我说：“‘抬官人’这一民俗活动的诞生是为了纪念一个名叫吴志和的青年英雄。相传，远古时期，侗寨的村子里出现了一条作恶多端的蛇精，它力量强大，四处作乱，危害百姓。各个侗寨的村民整天惴惴不安，生活不再稳定。一位血气方刚的青年不顾自身的安危，挺身而出与蛇精搏斗。几番厮杀后，吴志和的脸与身体布满伤痕，最后凭借意志与智慧一刀了结了蛇精。为了感谢吴志和的勇敢与恩情，侗寨中所有人每年在他斩下蛇头的这天，为他穿上锦衣，戴上羽冠，抬着他走街串寨，让他的子民参拜。”

三百年来，这项形式类似于潮汕地区“抬老爷”的传统活动延续至今，不同的是它增加了更多脸谱化、戏谑与庆祝的元素进去，让它变成了一项奇特的过年习俗。

肇兴侗寨在中午前完成祭萨仪式后，马不停蹄地于下午开展“抬官人”活动。在寨子尽头的“仁团”鼓楼下，几位寨民手动搭建了两个竹制轿椅，上面铺着一条厚厚的、大红色的毛毯做垫子。两位家长掀开门帘，小心翼翼地牵着一对不满五岁的小儿女从屋内走出来。村长告诉我，他们就是今日“抬官人”的两位主角。

“居然是一对孩子扮演官人与官夫人！”这点我倒没有料到。看来古俗经过时间的磨砺，渐渐脱离了原有的形制，增加了许多后人的意识。村长补充道：“我们的祖先认为，选五岁以下的孩子坐在轿子上能护佑他们健康成长。”

这对童男童女的身上穿着崭新的礼服，黑紫色亮布作为侗族人特有的布料，因涂抹蛋清而发出闪亮的色泽。但凡遇到重要的日子，男女老少都会穿上这身黑紫色闪亮的盛装。他们头上戴着装饰着一圈银饰的礼冠，帽子顶部插满了洁白的羽毛。在场所有人众星拱月般地围着两个孩子，赞美他们的可爱与乖巧。女孩子佩戴着银链条，光彩夺目又坦然自若，真有一份官夫人荣辱不惊的气派。

孩子们端坐在轿子上扮演“官人”“官夫人”，围绕着他们的一群村民分别扮演“随从”“兵匪”“渔夫”等角色。他们大多都装扮怪异，旁人压根儿看不懂是做什么的。一位胖胖的男士穿着女装，涂脂抹粉，梳着发髻，好似一位富态的夫人，两位青年头戴蓝色或黑色破布袋，项围草绳。还有人脸上涂满黑色锅灰，不知从何处找来一堆绿叶，捆绑在头部与身上，身披蓑衣，远远看去像个稻草人。

近处传来小羊“咩咩咩”的惊恐叫声，只见一位精瘦的中年男子一把将它背在背部，他脸上画着浓重、荒诞的妆，上身还挂着女士的内衣，难道他在扮演哺乳的妇女，而这只小羊是他的孩子？

看着这些奇特夸张，又充满神秘感的装扮，我百思不得其解。

吉时一到，高升、爆竹放得震天响，轿夫抬起轿子逶迤而行，抬官人游街活动正式开始。街道两侧人头攒动，两顶轿子一颠一颠地上下起伏，威风凛凛地巡视寨子。每遇到一个鼓楼，就会有一群娇俏又顽皮的侗家女子排成一排，手拉手宛若关卡。她们用清亮的歌声拦住队伍，端起手中的茶壶，斟茶送水让他们喝。护送“官人”的队伍中有两个“随从”立马出列，接过侗妹们的茶水并回赠礼钱。侗妹高举礼钱，高歌放行。如此反复，每经一处，队伍便停下，与寨中的男女老少互动。

“官人”后面，那些打扮奇特的村民组成小分队，与官人的队伍保持平行。他们不走街道石板路，而是走水路。在那么寒冷的冬季，他们无所畏惧地跳入鼓楼旁的溪水中，跨过浅滩，在花桥的桥墩中穿行。他们表演着捕鱼、吃生鱼或耕种、放牛、打粑粑、打闹等先民在古代社会生产、生活的场景，真是一部精彩又活泼的默剧。围观的群众看得捧腹大笑，掌声雷动，跟随他们的队伍亦步亦趋地前行。

“官人”缓慢地、热闹地前行，无论是迎接者还是参与者，大家的脸上都挂着开心的笑容，就像迎亲般喜气洋洋。抬官人仪式活脱脱像一场大戏，活动者通过夸张的艺术造型和丰富的肢体语言，把过去的社会现象再现在了节日之中。

抬官人组图

抬官人组图

美食

酸汤鱼，黔东南的美味宝藏

侗家人传承着无酸不食的饮食习惯。在历史的长河中，侗族人民屡次在大山的崎岖山路中，筚路蓝缕地找寻能安居繁衍的村寨，为了抵抗阴冷潮湿的气候，一道道酸味美食诞生了。酸汤鱼是酸味美食中当之无愧的名片。我们能从蒸腾氤氲的酸汤热气中，感受到一个族群的生存智慧与人间烟火。

阿亮是侗寨中生意最好的酸汤鱼饭店老板，我每次去黔东南路过他的寨子，总要进去吃一碗红汤酸汤鱼。跟他熟了后，他带我从头到尾地见证了一锅地道酸汤鱼的制作过程。阿亮和我说，在大地回春的三月，他家会把带着细密枝丫或绒毛的山藤、竹条放入水田中。由于寨子在大山深处，气候多变，如果让鱼自行繁衍，产量太低，所以聪明的寨民每年都要为鲤鱼产卵搭建人工产房。几天后，布满晶莹鱼卵的藤条被依次安插在水田中，当小鱼苗出现在水中时，是他最高兴的时候。

我们在马鞭草盛开的时节去捕鱼，田水汪汪，波光粼粼，鲤鱼在青葱梯田的禾穗中“波刺，波刺”地跃浪翻腾，搅碎水中的蓝天白云。阿亮拿出一个竹篓子，看准了鲤鱼的方位倒扣在水田中，我瞬间听到篓子里鱼的挣扎扑腾声。“糯稻、鸭子、鲤鱼、蚂蚱都是梯田赐予我们的礼物，也是最好的生态链。鲤鱼不吃草也不吃秧苗，肉质紧实，我们从年头到年尾都吃这些。”阿亮一边和我说，一边收了鱼，我们沿着回寨子的山路信步而归。

泉水叮咚，寨民在山泉下挖了个坛，贴了瓷砖，作取水处。他让我拿瓶子去盛泉水：“寨子有自来水，但我们每天都来取山泉水，拿它煮茶做饭，味道可不一样。”言语间，他又蹲在山涧的石头旁，仔细翻看摸索。我正疑惑他在做什么时，他高兴地给我看采摘的“草”。

“这是什么？”

“你闻一下，这可只有在清澈的溪水旁才有。”

几瓣椭圆形的嫩绿叶子还沾着剔透的水珠，我放在手心闻了一下，一股异香扑鼻而来。阿亮解惑：“这是鱼香柳，是我们做酸汤鱼必不可少的香料。”我恍然大悟：“怪不得我每次吃红汤鱼都在怀疑里面是否加了香茅，因为它的味道与泰国的冬阴功汤有异曲同工之处。”他纠正我，香料不是香茅，是鱼香柳、山仓子和家家户户自己腌制的番茄汤底。

下山路上，我远远看到寨子被险峻的群山包围，一条河流贯村而过。几座巍峨的鼓楼沿河矗立，它们结构精巧，层叠挺拔。鼓楼下坐着老人与妇女，他们穿着亮布衣服，对歌的声音如水自流，音韵婉转。山中的生活远离了城市中争分夺秒的快节奏，只有静谧与安详。

回到阿亮的饭店，他处理好鱼后去墙角的坛子里盛了一碗用野生小西红柿熬制的汁。启开坛子时，一股酸爽馥郁的果香钻进了我的鼻子，我往坛子里望了望，又红又软的果肉软趴趴地躺在坛子底部，原来红汤汤底是由此而来的。厨房又传来“噼里啪啦”的炒糟辣椒声，辣椒的香味瞬间四处飘散。加入红酸汤与山泉水，放入现杀的鱼，滴几滴木姜子油，撒一把鱼香柳，所有简单的食材在沸腾的锅中邂逅，人的口水在咕噜咕噜的冒泡声中不自觉地分泌。

酸汤鱼上桌后，第一筷子是雪白紧实的鱼肉，它夹带着番茄与辣椒的余韵，唇齿之间是过瘾的酸辣滋味。木姜子与鱼香柳等香料让酸酸辣辣的滋味进阶得轻盈多变。几口之后，我的额头微微冒汗，神清气爽，喉咙深处余味悠长。鱼快吃完时，阿亮又往汤里倒入一些蔬菜，说道：“现在条件是好了，随时都能吃到酸汤鱼，我小时候，只有在稻谷成熟时和过年时才能吃到这种美味佳肴。你别看乡民家家户户都会做酸汤鱼，它的食材、工序都不复杂，其实每家的味道都不一样。我妈妈经常对我说，要温柔耐心地腌红汤汤底，只有它成为你的朋友了，才会把好滋味带给你。”

这碗红色酸汤鱼，就是我朝思暮想的贵州滋味。它像一根无形的红线，牵引着我与侗寨的缘分。

如果把酸汤鱼比作美人，红汤是令人魂牵梦萦的朱砂痣，白汤便是清亮温柔的白月光。在黔东南的雷公山以北，白色汤底的酸汤鱼也是家家户户饭桌上的美味。

白汤底的制作与糯米不可分割。糯米是黔东南地区最重要的食材，每到秋收时分，寨子里的禾廊上就挂满了糯禾，成为金秋最美的风景。

它是贯穿了乡民一生的食物，从新生、婚嫁、节庆到建房、葬礼，它都会出现在餐桌上，可谓是生生不息的传承。富含油脂、口感香甜的糯米在黔东南地区能变身为许多美食，比如香飘一方的糯米饭或清甜可口的酒酿。它也是许多道美食中的元素：腌鱼被糯米甜酒糟精拌细抹，乡民家坛子底部的糯米汤是用来做酸汤鱼的白酸汤。

白酸汤与红酸汤最大的区别是汤底。洗净糯米，水煮，沸腾后将米粒盛出，剩下的米汤米粉留在坛子内，如此反复循环，待到了坛子的水位线后便封存。这种汤底做出来的酸汤鱼口感柔和清爽，虽不如红汤刺激舒畅，却独有一份浓醇与香气。

我在寒风凛冽的侗年又回到了侗寨，发现酸汤鱼冻是侗年餐桌上必不可少的美食。酸汤鱼的汤汁冷却后凝成玉脂，变成入口即化的“鱼冻”。侗年当天，大家以冻鱼祭祀祖先并宴请宾客，故叫“吃冻”。鱼冻带着冰冰的凉意，再加上软滑爽口的酸辣口味，成为侗家人的冬日限定美味。

侗家人用一碗经过发酵的奇妙液体来对抗溽热与阴冷，以酸代盐的智慧帮助祖先们渡过了迁徙的坎坷与物资贫瘠的困难。每一道美食背后都有着文化背景，先人转身成为历史烟云中的一抹剪影，但他们把创造的美食留给了后代，成为饭桌上的宝藏。

酸汤鱼

酸汤鱼香料 鱼香柳

酸汤鱼香料 五香草

酸汤鱼番茄辣椒混合调料

舞乐

侗族大歌赛、芦笙赛

张俊哲是从重庆来黎平县支教多年的语文老师，娶了一位美丽的侗族女歌师做妻子，两人有个八个月大的女儿。白日喧闹的侗年欢庆仪式结束后，他拖着微醺的身体，爬上吊脚楼。家中暖黄色的火塘散发着绵绵情意，点亮了幽暗的木屋。妻子陆贵娘抱着女儿与一位八岁大小的女童坐在火塘前，发丝在逆光中微微发亮。

十二种花朵哪种最艳红？十二种花朵山茶花最艳红。

十二种树木哪种最有用？十二种树木杉树最有用。

女童重复用侗语吟唱歌曲中的几句，但贵娘一直对她的唱法不满意：“花娃娃，你这个用调还是不对。明天是举办庆祝侗年歌赛的日子，你们歌班第一次参加少儿组的大歌比赛，那时候所有人都会在鼓楼坪听你们唱歌。你是起歌的人，如果头一句味道不对，那后面唱得再好都没用。”

花娃娃着急地掉眼泪，贵娘今天特地让她来家里单独给她辅导，可不知为什么，她就是唱不好。贵娘耐心地抹去她的泪，用侗语一个字一个字地带她唱。俊哲坐在角落里，眼里的光定在妻子身上。那年的三月三，黎平县周围的几个侗寨男女结伴走寨，他凑热闹，一起来到贵娘的寨子中行歌坐月（侗族青年男女交际和恋爱的活动方式，用弹琴和唱歌交流）。她是歌班的主唱，清秀的脸庞总是羞涩地低垂着，可当她宛如天籁的嗓子一开始歌唱，他便再也听不进别的姑娘的歌声了。

客人离开时，姑娘们把礼物挂在竹枝上留给客人。竹枝叫作“牙拿”，牙拿上的礼物是姑娘们自己手工缝制的鞋垫，鞋垫腰部绑着红纸条，上面写着姑娘的名字。他细细看了每一张纸条，直到找到贵娘缝制的鞋垫。

可以说，是贵娘留住了俊哲，使他在侗寨安心地教书多年，教育出了好几批娃娃。同他一样，贵娘也是位当之无愧的好老师。侗族大歌没有文字记录，全靠歌师凭借记忆形成自己的曲库，然后再如母鸟喂食般，逐字逐句地解释歌词并教会寨子里的孩子们唱歌。“饭养身子，歌养心”，每当俊哲听到妻子的歌声，心中总是特别的幸福安定。

“花娃娃，今天就练到这儿，时候不早了，你回去早点睡吧。明天的歌赛你也不要紧张，把你平日的水准发挥好就行。”

花娃娃告别了歌师离开，俊哲倒了碗油茶坐在贵娘身边闲聊。

“贵娘你辛苦了，明天歌赛，你的歌班也要表演吧，到时候还要唱为时一个半小时的《珠郎娘美》，坐在台下的听众可有福了。”

贵娘抿着嘴笑着看着丈夫，将女儿交到他怀里：“做了歌师后，我真的觉得自己唱得好还远远不够，能教好孩子们唱大歌才算是真的好。

我的师父金婆婆能唱300首歌，我才只能唱150首，我还得多向她学新歌。可惜生了娃娃后，脑子真的不如以前能记住歌词了，心里好着急。”

她的话提醒了丈夫，俊哲起身到抽屉里拿了一本记事本交给贵娘。

贵娘好奇地打开后，看到每一页纸上都画满了音符并标注了相应的拼音。“这是什么？”

“这是你平时重复练习的那些歌。可惜我不懂侗语，只能一边听你唱，一边用拼音标注歌词。如果这能帮你缓解些记忆压力，我就继续帮你做。”

贵娘感动地留下晶莹的泪，扑倒在俊哲的怀里：“斋哲（侗人男士的昵称为斋），你对我太好了。侗年你陪我过，春节我陪你回家看公公婆婆，他们在重庆一定也很想小娃娃。”

侗年的第三天，黎平县各支歌班一早整装出发，去肇兴侗寨参加比赛。贵娘用心装扮自己。在井井有条的家中，亮布盛装、琳琅满目的银饰、鞋头上翘的花鞋都被仔细收放在箱笼内，用柔软的白棉布包好。她拿出它们，穿上百褶裙，腰下缝数条绣满繁花的长带子，然后穿上鞋套，用细长的花带来绑腿。一朵朵银花盛放在贵娘茂密的云发与高高的椎髻上，她又将银项链、耳环、吊环、银簪、银梳、银项圈、银手镯等首饰佩戴妥当。银饰叮当作响，光鲜亮丽，贵娘走在路上摇曳生姿，衬托得用淡妆点染的饱满脸庞美丽极了。

鼓楼坪上聚满美丽的侗女，她们分歌班聚集，依次上台歌唱。侗族大歌是一项无伴奏、无指挥、多声部自然和声的音乐艺术。女声大歌的音域一般在B到C之间，男声音域整体低小七度左右。这个音域适合人声的自然发声区，宛若天成。歌者引吭高歌时声音如水自流，婉转的乐声穿过绵延的群山，掠过宝严的鼓楼，直抵人的灵魂深处。

侗族大歌不是表演，它是贯穿婚丧嫁娶的仪式，是口口相传的知识，是祖先留下的礼仪。在侗族地区，歌师是被社会公认的最有知识、最懂道理的人，因而很受侗人的尊重。千百年来，歌师的无私教学为侗族大歌延续了生命。侗家人热爱大歌就如侗族著名歌师的遗言："我死之后，不要把我埋在山顶上，埋高了听不见寨上的人歌唱；也不要把我埋在山脚下，埋低了只能听到少少的人歌唱。请你们把我埋在山腰上，我才能听到全寨人的歌唱。"

少儿组的比赛童趣盎然，由五岁到八岁的孩子们组成歌班，演唱简单的音律与有趣的歌词，《抓螃蟹》《追山羊》等童谣朗朗上口。贵娘作为少儿组的评委，认真地记录每个孩子今日的表现，并将不足之处一一记录，用于教导。

歌赛的主力军是几支由双十少女们组成的"堂翁"们（女性歌班），训练已久的她们上台一展歌喉。她们的歌曲表现方式包罗万象，韵致跌宕。有一支队伍请了男性歌班，两边一唱一答地对唱《拦路歌》。村长与我细说了歌词，真是诙谐幽默，令人忍俊不禁。

女声：

你们莫忙把寨进，
莫忙进寨来走亲；
我们正忌寨，
寨里出的事情真是怪；
奶奶长出黑胡子，
公公怀孕还未生下来，

古怪事多不吉利，

莫怪我们不肯把门开。

男声：

世上禁忌也是百样有，

唯独没有哪人忌朋友；

你们谁是领头人，

快站出来讲根由；

若是道理讲不清，

只有当众来现丑。

下一支队伍上台，几轮和声后，主歌者用一把好嗓子展现歌唱技巧。她用声音模拟自然界的鸣叫。有一个片段是《蝉之歌》，她用短促、穿透力强的音律表现夏蝉的热情，又用哀伤绵长的乐声诠释秋蝉即将逝去的不舍。

歌赛的压轴队伍是以贵娘为代表的一群歌师，她们大多为年轻的母亲，常年的歌唱让她们无论是声腔还是技巧都无比成熟，默契与情感表达也十分到位。台下的人掌声如雷，无比期待她们今日的叙事歌表演。一位歌者缓缓起歌，所有歌者就势用不同音部应和她。声音的气势如涨潮的钱塘江水，由远及近，汹涌澎湃地冲向堤坝。

贵娘在多声结构中担任“赛噶”（高音）部分，她与另外两位赛噶坐在一起，干净、高亢、透亮的高音一波又一波，就像潮水中踏浪而来的小舟，高音替换时几人对个眼神便知，配合得天衣无缝。其余的歌者为“枚”，她们担任演唱中的低音声部，“枚”与“赛噶”相辅相成，共同完成了一场华丽的演出。她们的歌声重现了珠郎与娘美的凄美爱情故事：一对被侗人永远记住的小两口，从自由恋爱，一同远走他乡，到珠郎被恶霸财主害死，娘美利用智慧为夫君复仇。最后娘美背着珠郎的遗骨，顺着两人当初逃婚的山路，一路哭着回到三宝侗乡，亲手将珠郎的遗骨安葬在朵帕寨旁，让他时时伴着自己。

当最后一个音律收起，我久久无法回神。既被《珠郎娘美》的千古悲剧所感动，又共情于歌者们强大的感染力。

女子们的赛事刚结束，男子们的芦笙赛便无缝连接。歌者们退场后，十几支来自各村寨的芦笙队员手举高大的重音芦笙候场。芦笙是一种历史悠久的簧管乐器，前身为汉族的竽。它外表看上去由几根粗细不一的竹筒组成，内部由笙斗、笙管、簧片和共鸣管构成。吹奏者双手捧持笙斗下部，拇指、食指、中指分别按左右两排笙管的音孔，嘴含吹口发音。

一位组织者示意大家留出广坪中的圆圈空地，并拖出几盒高升。我们旁人还没有意识到紧张，寨里的人便一把抱住摇着尾巴在鼓楼坪上瞎晃悠的小黄狗跑出圈外。说时迟那时快，几十发高升瞬间齐齐点燃，响炮直冲苍穹，天空的鸟儿们仓促地乱飞。

此时，轻快的音乐响起，踩笙姑娘们头戴羽冠，肩提红桶，撑着一把红伞，婀娜多姿地进入鼓楼坪。光艳照人的她们缓缓而至，以打圈的方式行走，放下红桶后翩翩起舞。原来芦笙赛必不可少的前奏是在场众人一同分食放在红色木桶中的甜酒酿。

热闹的分酒酿仪式结束后，每支队伍都士气高昂。他们两两分组，各站一边，先后吹奏同一支曲子。待裁判分出胜负后，胜方待命，与另一支获胜方再次比赛，直到角逐出冠军。当村民鼓起腮帮子跟着节奏吹响笙歌时，我瞬间领悟到了侗族芦笙与侗族大歌不同的音乐魅力。同为集体音乐表现方式，大歌华丽、复杂、音调跌宕起伏，和声高低有序。芦笙粗狂、奔放，乐律古朴，吹奏组讲究的是整齐划一，看谁能吹得最响亮高昂。

每次两支队伍分别吹奏完后，场上立马响起欢腾声。我好几次努力寻找鼓楼坪上的裁判在哪里，奇怪的是没有明显的评定人员，参赛者如何知道自己是否获胜？村长让我随着他手指的方向望去，我看到一千米外的山腰上有一座小木屋，评委就坐在木屋中，随着风声听芦笙的乐律。一曲作罢，用红色或绿色的旗帜表明哪一边获胜。我瞬间明白，芦笙不是吹奏靡靡之音的乐器，它是常年在深山中作为信号发布的声响。只有跃过山头，才能贴切地感受它深厚的魅力。

三日侗年的结尾，是摆在街道上一望无尽的流水宴。过年，全寨子的人一起吃饭。一张张简单的圆桌上放满了酸汤鱼、血红、牛瘪、腌鱼、腌肉、白切鸡等年菜。客人随到随吃，好不热闹。俊哲与贵娘一同坐在一张圆桌上，来敬酒、唱劝酒歌的人络绎不绝。几位十岁左右的孩子涌上来，端着甜米酒来敬张俊哲。

他们唱着简短的敬酒歌：

感谢张老师，教我们认字，教我们义，

教我们见人要笑嘻嘻；

感谢张老师，教我们知识，送我们书，

教我们要互相帮助，睡前要洗漱。

张俊哲的脸因一轮轮的敬酒而泛起潮红，此刻他努力不让感动的泪滴在酒中。身后的烟花升腾到鼓楼的上方，徐徐展开绚丽的花朵，一如他过侗年时的快乐心情。

唱歌的孩子

敬酒

拦门大歌

盛装的歌师

侗族歌班

侗族女性风采

侗族女性风采组图

芦笙赛组图

内 容 提 要

中国传统节日包罗万象，是一场集各种人文艺术于一体的盛宴。作者绕着中国过节，从节日的起源与发展说起，结合历史、习俗、风物、舞乐、节庆美食、游历见闻与百姓的动人故事等多维度，将节日里的中国跃然纸上。

本书内容丰富翔实，集文化科普、游记与摄影作品为一体，让读者感受到岁月的欢愉与人间的温情，也带领读者通过此书一探中国传统节日的魅力。

图书在版编目（CIP）数据

岁月欢 ：中国传统节日中的四时欢 / 黄元琪著. — 北京 ：北京大学出版社，2022.8
ISBN 978-7-301-33231-3

Ⅰ. ①岁… Ⅱ. ①黄… Ⅲ. ①节日—风俗习惯—中国—通俗读物 Ⅳ. ①K892.18-49

中国版本图书馆CIP数据核字(2022)第142231号

书　　名　岁月欢：中国传统节日中的四时欢
SUIYUE HUAN: ZHONGGUO CHUANTONG JIERI ZHONG DE SISHI HUAN
著作责任者　黄元琪　著
责任编辑　王继伟　刘沈君
标准书号　ISBN 978-7-301-33231-3
出版发行　北京大学出版社
地　　址　北京市海淀区成府路205号　100871
网　　址　http://www.pup.cn　　新浪微博：@北京大学出版社
电子信箱　pup7@pup.cn
电　　话　邮购部 010-62752015　发行部 010-62750672　编辑部 010-62570390
印 刷 者　北京宏伟双华印刷有限公司
经 销 者　新华书店
880毫米×1230毫米　32开本　9.5印张　217千字
2022年8月第1版　2022年8月第1次印刷
印　　数　1-4000册
定　　价　59.00元
